你以為是烏事 其實是心事

張若妍 著

理解情緒背後的故事，用心理學與自己好好說話

你不是脆弱，而是習慣一個人扛下所有情緒

當你學會理解自己，才有餘力真正照顧別人

目錄

序言：那些我們忽略的小事，才是壓垮心靈的重量

如果你打開這本書，是因為你曾在某個夜深人靜的時刻問過自己：「我是不是太敏感了？我是不是太脆弱？」那麼，我想告訴你，你不是一個人。

現代生活節奏急促，我們習慣了用行事曆安排所有的工作與社交活動，卻很少有人會在行程中安排一段「照顧自己內心」的時間。情緒這回事，往往被當作鳥事，是小題大作，是理性必須征服的軟弱。然而，心理學卻一次又一次告訴我們，那些沒被說出來的、沒被理解的、甚至連自己都不敢正視的感受，才是最終讓人崩潰的根源。

這本書從一個簡單的觀點出發：你以為是生活的小事，其實是心理的大事。我們會因為一封沒回的訊息感到焦慮，會因為老闆多看了一眼而懷疑自己，會因為孩子一句話而覺得自己是失敗的父母。你以為這些是「情緒化」的反應，但它們其實是在告訴你，你心裡有一些故事沒說完，一些需求沒被聽見。

◎這不是一本教你如何快速振作的心靈雞湯

與其說這本書是教你如何變得「更強大」，不如說，它是一本幫助你看見自己情緒底層訊息的使用手冊。全書十章，從自我認同的建立、職場壓力的理解、學習與記憶的心理動力、到親密關係與家庭角色中的內在衝突，最後回到情緒調節與心理修復，每一章節都圍繞著一個主軸 —— 情緒不是你的敵人，而是你的導師。

我們從「那些不願面對的自己」開始，討論自我概念的形成，拆解「我就是這樣」的心理陷阱，從個人潛意識中發現如何從無力感走向行動力。進入第二章「當工作榨乾了你」，我們聚焦職場現象：蘑菇定律、職業倦怠、老闆恐懼與考照焦慮，這些看似外在的問題，其實多半來自我們內在的認同需求與價值焦慮。

書中每一章節皆以心理學理論為底，用真實生活中的案例說話。我們會看到一位因學習遲緩而產生自我懷疑的大學生、一位在人際關係中屢屢退讓導致崩潰的年輕母親，也會讀到那些在愛情中反覆投入與受傷的靈魂。這些故事都不是虛構，而是我們真實生活的投射。

◎當心理學遇上日常，你會看見真正的自己

心理學不該只存在於學術殿堂，它應該活在你焦慮時的自我對話中，活在你做出人生選擇那一刻的自我覺察裡，也

活在你與伴侶爭執後感受到的愧疚與反思之中。我們在書中談「表面正常、內心崩潰」的社交壓力，說明為什麼長得不夠「好看」會讓人焦慮，探討旁觀者效應與社交過勞，以及如何建立有安全感的人際連結。

在第五章至第七章中，我們從消費行為、愛情經驗到婚姻制度，層層拆解社會文化如何影響我們的心理腳本。你會發現，我們買東西不只是因為需要，而是因為在尋找一種被看見的感覺；我們愛上一個人，不只是因為吸引，而是因為內心渴望被理解、被接納、被依附。

第八章「成為父母，沒有腳本可以照抄」，是寫給所有正在養育孩子、也重新面對自己童年記憶的成年人。你會發現，孩子的情緒，其實反映的是大人的焦慮；批評與懲罰，往往不是教育，而是父母自身壓力的投射。

◎你可以不用撐，也可以不完美

到了第九、第十章，我們進入書的核心主題：當情緒被壓下，身體會記得；修復，不是解決，而是重新選擇。這兩章是對現代人心理處境的深度描繪：為什麼我們總是覺得撐著才是負責？為什麼一想到諮商就覺得是不是「病了」？我們討論焦慮、憂鬱、情緒勒索、心理界線、自我關懷、微調策略等，並提供具體可行的練習。

你會發現，所謂心理彈性，不是從不崩潰，而是在崩潰之後知道怎麼走回來。真正的修復，不是讓一切都變得完美，而是讓你有力量處理那些不完美。

◎這是一本邀請你與情緒和解的書

如果你過去讀過許多自我成長書籍，但總覺得好像只能短暫振奮，過幾天又被現實打回原形，那麼這本書想做的不一樣。它不是給你正能量，而是讓你理解自己；不是要你變強，而是讓你不再懷疑自己的敏感與脆弱。

心理學不是答案，而是陪你提問的工具。你不需要被誰定義，也不需要成為某種版本的「好人」、「成功者」、「理想伴侶」。你只需要，慢慢認識自己、誠實感受自己，然後開始對自己溫柔一點。

從現在開始，請允許你的感受存在，不論它是悲傷、憤怒、焦慮或疲倦。這些情緒都是訊號，而不是錯誤。它們不會讓你變壞，它們只是在提醒你：「你也是一個需要被照顧的人。」

願這本書，成為你重新學會對自己說話的起點。

使用說明書

一、本書是寫給「正在生活裡努力著的人」

這本書不專屬於心理學專業工作者，也不只是為了經歷創傷或陷入低潮的人而寫。它是為了每一個在日常中默默承受情緒壓力、在自我懷疑與人際關係中尋求出口的你而寫。如果你曾經懷疑自己是不是「太敏感」，如果你曾經覺得「不該這麼玻璃心」，這本書正是為了讓你知道：你感受到的都是真實的，而你的感覺，是值得被理解與尊重的。

本書採取生活化、心理學理論與實用練習並重的寫法，所有章節皆可獨立閱讀，無須從頭到尾連貫。你可以根據當下的情緒或生活情境，任意翻閱對應的章節。

二、閱讀方式建議

1. 不必一口氣看完，請慢慢來

每章節內容設計皆包含心理學觀點、真實案例、理論解釋與實作練習。你可以像翻日記般閱讀，也可以挑一節當作

「心理自修課」使用。建議搭配筆記閱讀，把特別有感的段落劃線、記錄感想。

2. 將感受放在重點，而非知識量

這不是一本知識密度很高的心理教科書，而是一本邀請你回到「內在感受」的作品。如果你讀到某段文字感到被理解、感到鼻酸，請允許自己停留在那份感受裡，因為那正是療癒開始的入口。

3. 可以搭配閱讀時間表，設立「心理保健時段」

若你想將此書納入日常心理照顧的練習，建議設定每週一次的「心理閱讀時段」，並搭配情緒書寫、正念練習、或書中提到的練習策略，將心理照顧融入生活節奏。

4. 與信任的人共讀，是療癒的倍增器

這本書特別適合與伴侶、朋友、家人共同閱讀。一起討論章節內容、分享彼此觀點，不僅能增進關係，也能讓你發現：原來別人也有一樣的掙扎。

三、章節閱讀建議

若你目前處於不同的心理狀態或人生階段，可參考以下閱讀指引：

1. 正歷經職場倦怠與情緒耗竭？

→請先看第二章與第十章，幫助你找回心理韌性。

對人際關係感到疲憊、焦慮或孤單？

→建議閱讀第四章與第九章，有關社交壓力與情緒界線的深入解析。

2. 在愛情、婚姻、親職角色中迷失自我？

→可參考第六至八章，協助你梳理關係的心理結構。

3. 想重建自我價值與內在力量？

→第一章是起點，從「看見自己」開始。

4. 需要穩定心緒、練習內在自我照顧？

→請參閱第十章的後半章節，提供實用的心理微調工具。

四、3 項提醒，讓閱讀更有感

(1)不是所有方法都適合你：書中提供多元策略，請挑選最貼近你目前狀態的方式即可，不需強迫套用。

(2)情緒反應是正常的：若你在閱讀中出現流淚、心痛、懷舊等情緒反應，請記得那是身心對療癒的自然回應，不是你「太玻璃心」。

(3)當感覺卡住，請停下來：有些段落可能會勾動深層情緒，若感到過度不適，建議休息或找心理專業人員支持。

五、致讀者：你不是孤單在練習

這本書的每一頁、每一段、每一個練習，都是為了陪你認識那個「一直努力撐著」的自己。願這本書成為你生活裡的一份安定力量，也是一道讓你回到內在、與自己好好說話的門。

願你從閱讀中，看見自己，也慢慢喜歡那個正在變得溫柔而堅定的你。

第一章
那些不願面對的自己：
自我概念與內在力量的重建

第一節
看不見的自己：你真了解你是誰嗎？

在別人的眼光裡迷路

林佳慧（化名）是一位 37 歲的國中教師，外表親切大方、教學認真，學生和家長都對她讚譽有加。但她卻常在夜裡默默落淚，覺得自己像是被外在角色吞噬的人。她說：「我每天都在表現『應該是的我』，但很久沒問過自己，我到底是誰？」

這樣的困惑，不是個案。許多現代人為了迎合社會期待，在職場、家庭、人際中扮演多重角色，不知不覺迷失了對自己的認識。心理學稱這種現象為自我異化（self-alienation），即個體與真實自我脫節，陷入內在疏離的狀態。

在自我異化的背後，常藏著一個問題：「我一直活得像自己嗎？」而這個問題，又回到心理學的核心：你對自己的認知是什麼？

你所認識的「自己」，真的是自己嗎？

在心理學裡，「自我」並不是單一概念，而是一連串有關自己想法、情緒與經驗的整合體。美國心理學家威廉・詹姆斯（William James）曾指出，自我是「I」（主體自我）與「Me」

（客體自我）之間的互動，也就是你在活著的當下如何看待那個「我」，又如何整理你過去經驗裡那個「我」。

在當代表述中，「自我概念（self-concept）」成為理解「我是誰」的關鍵，它包括我們對自己人格特質、價值觀、能力、角色的綜合看法。而這些看法，不完全來自你自己，很多是社會文化灌輸給你的模板。

舉例來說，一位女性可能自認為「我是賢妻良母型的人」，但這個認知，可能來自原生家庭的母親角色，也可能來自社會對女性角色的期待。當她想追求獨立或創業，內在卻出現掙扎，那是因為她的「自我圖式（self-schema）」出現衝突。

自我圖式是我們對自己的一種心智結構，用以解釋自己的行為與選擇。問題是，這個圖式未必永遠準確，它可能過時、僵化、或過度受外界影響。因此，要真正「認識自己」，其實是要釐清哪一部分是內在認同，哪一部分是外來附加。

自我一致性：心理穩定的關鍵機制

如果自我概念像一座地圖，那麼「自我一致性（self-consistency）」就是讓這座地圖穩固的基礎。心理學家卡爾·羅傑斯（Carl Rogers）提出，人類會本能地追求自我經驗與自我概念的一致，當兩者不一致，會產生焦慮與自我懷疑。

林佳慧常說：「明明表現得很好，但內心總有個聲音說『我只是運氣好』或『其實我不夠格』。」這就是自我概念與實際經驗的落差，導致所謂的「冒牌者症候群（imposter syndrome）」，是現代高功能女性常見的心理困擾之一。

當一個人內心真實的感受（如：疲累、不安、懷疑）無法與外在表現連結時，就會覺得自己是個「假人」。這不但侵蝕信心，也降低心理彈性，長期下來甚至會導致焦慮、憂鬱、情緒枯竭等症狀。

接住自己：自我探索的起點

「認識自己」並不是哲學家的專利，而是每個人日常心理韌性的基礎。若你常有這樣的念頭：「我其實不夠好」、「我好像不配快樂」、「我一直都這樣」，那麼你就需要重新梳理自我概念的內容與來源。

現代心理治療強調，對自我的覺察（self-awareness）是所有改變的起點。舉例來說，正念取向治療（Mindfulness-based Cognitive Therapy）提倡的不評價自我觀察，正是為了協助個體跳脫「自我評價」的自動化迴路，進而看見更深層的自己。

一個具體的做法是「自我對話練習」：每天抽五分鐘，寫下「今天我覺得我是誰？」、「今天我過得像自己嗎？」、「今天我有什麼不是發自內心的行為？」，這些問題不需要標準答案，但能幫助你辨識自我與外在期待之間的差距。

真正的自我，是可以變動的自我

傳統觀念常把「自我」看成某種穩定不變的核心，但現代心理學反而認為，真正成熟的自我，是可以隨環境、角色、經驗調整的有機體。這種觀點給我們極大的自由：你可以不是從前那個你，也不用成為別人期望的你。

誠實面對自我，不等於停在原地不動，而是擁有轉化與選擇的彈性。在成為父母之前，你是完整的個體；在失去愛情之後，你依然值得被愛；在跌倒過的職場裡，你仍有權利重新定義價值。這些轉變不會讓你變成另一個人，而是讓你更靠近真實的自己。

撿回內在地圖的第一步

許多人一輩子忙著「成為誰」，卻忘了先問「我是誰」。心理學提供的不是答案，而是一面鏡子。當我們開始看見那些「我一直忽略的自己」，你會發現許多鳥事，其實都是內心未被照顧的訊號。

你不是壞掉，而是太久沒跟真正的自己說話了。

第二節
「我就是這樣」？破除自我定義的陷阱

當一句話成為人生的句點

陳玉芳（化名）是一位護理師，從小被家人說「妳就是慢」，長大後也總是自我調侃：「我做事真的很慢，改不了。」然而，有一次主管要求她參與急診輪班時，她卻在心理上產生極大抗拒，甚至出現胸悶與頭暈的身體症狀。

這不是單純的壓力反應，而是多年來的自我定義在潛意識中設下了障礙。所謂的「我就是這樣」，常常不是真正的理解自己，而是過去被貼上的標籤，經年累月內化後，變成了一種心理牢籠。

標籤效應與「自我預言」的陷阱

在社會心理學中，「標籤效應（labeling effect）」指的是他人對我們的評價，會影響我們對自己的看法與行為。當這些外在評價反覆出現，就容易產生「自我實現預言（self-fulfilling prophecy）」：你相信你做不到，就真的不去嘗試，久而久之也就真的做不到。

這些內化的語句看似中立，實則強大：「我就是沒辦法說話得體」、「我就是不適合談戀愛」、「我就是很難跟人親近」。這些話之所以危險，是因為它們讓人放棄彈性與成長的可能。

定型心態：讓成長卡關的隱形劇本

美國心理學家卡蘿．杜維克（Carol Dweck）提出「心態理論（mindset theory）」，認為人們的學習與成長受限於他們對能力的基本信念。若一個人相信自己的能力是固定的，他就會傾向避免挑戰、害怕失敗，這就是「定型心態（fixed mindset）」的典型樣態。

「我就是這樣」正是定型心態的語言化呈現。它不僅限制了外在行為的嘗試，更會逐漸形成對自我價值的懷疑。相對地，「成長心態（growth mindset）」則強調能力可以透過努力與策略培養，讓人有機會重新詮釋自我形象。

自我敘事的重寫：你不是只能當配角

每個人內心都有一個「自我敘事（self-narrative）」，也就是你怎麼描述自己的故事。當你習慣以「受害者」、「旁觀者」、「不夠好的人」來描述自己時，你的行為就會自動對應到這樣的角色。久而久之，這個敘事會變得僵固，讓人覺得改變是背叛自己的過去。

但敘事可以改寫，故事也能重編。心理治療中的「敘事治療（narrative therapy）」強調：你不是問題本身，而是可以與問題分離的作者。當你意識到自己的自我定義其實是被建構出來的，就有可能開始重建新的、支持性的版本。

重新說出「我是誰」的語言

試著回想你平常對自己說的句子：「我一直都很粗心」、「我很玻璃心」、「我這個人很固執」。請問：這些話是描述你、限制你，還是反映了某段經驗中的狀態？

從今天開始，你可以練習更彈性的自我語言，例如：

- 「我現在還在學習怎麼管理情緒。」
- 「這件事我還不熟，但我可以試著學。」
- 「我有時會固執，因為那讓我感到安全，但我也願意試著傾聽。」

這些語言不是假裝樂觀，而是回到心理學最核心的力量來源：選擇感（sense of agency）。當你重新掌握說出「我是誰」的方式，你就能從困住自己的角色裡抽身，重新定義未來的可能性。

破除定義，找回彈性

「我就是這樣」不是對自己的了解，而是對改變的拒絕。當我們開始意識到那些話語背後的故事，就能理解：我們不是某個形容詞，而是一連串經驗中的選擇者。

你當然可以繼續是那個固執、玻璃心、社恐的人，但心理學會告訴你 —— 你也可以是開始練習彈性、勇氣與好奇心的那個人。

第三節　當你相信的自己，其實只是習慣活成的樣子

習慣，讓我們活得不像自己

「我一直都很冷靜」、「我天生就不會生氣」、「我就是那種不會拒絕別人的人」—— 這些聽起來像是對自己的描述，其實可能只是長期的行為慣性。心理學告訴我們，許多我們以為「天生如此」的性格，其實是長期學習與環境強化的結果。

從小若在衝突家庭長大，一個孩子可能為了避免紛爭而發展出順從、壓抑情緒的行為模式；長期下來，這樣的模式變成一種「個性」，但它其實是一種適應策略。你相信的自己，有時只是你長年為了活下去而演出的角色。

習慣的力量與自我動能的衝突

神經心理學研究指出，大腦在重複經驗中會形成特定神經迴路，這些「快捷鍵」讓我們的行為變得自動化，但也使得改變變得困難。這解釋了為什麼你明明知道應該拒絕一個無理要求，卻還是笑著答應 —— 因為「不拒絕」這個慣性早已寫進你的反應系統中。

而這些行為一旦與自我認同結合，就會讓人誤以為「我就是這種人」，而非「我長期這樣做」。習慣決定了你看待自己的方式，也可能阻礙了自我轉化的動能。

認識「自動駕駛」模式

心理學家丹尼爾‧康納曼（Daniel Kahneman）將人類思考分為「系統一」（快速、直覺）與「系統二」（緩慢、理性），其中多數日常行為由系統一掌控。這也是為什麼我們常在沒意識到的情況下重複某些行為。

「我就是一個沒自信的人」、「我總是說不出口」其實可能只是大腦把這些反應內化為自動模式，讓你不用每次都重新學習。但這也表示，除非你有意識地覺察，否則你會不斷活在過去的情境中，而不是活出真正想成為的樣子。

打破「這就是我」的慣性之牆

要改變不是靠意志力，而是靠設計新的路徑。從習慣心理學來看，改變自我是改變生活細節的開始。

從「我就是不會表達情緒」改為「我每天試著說一句感受的話」；從「我總是太貼心」變成「我練習多問自己一次：我真的想嗎？」這些小行動會逐漸鬆動你對自己的固著信念。

此外，透過行為實驗的方式——設計一個反常規行為，例如刻意在群體中發表意見、拒絕一次請託、主動提出需求——你會發現：你其實可以成為不一樣的自己，而不是過去的重複投影。

你不只是一種活法

自我是動態建構的，不是一張固定履歷。當你意識到「我這樣活，只是因為我習慣這樣」時，就已經啟動了改變的可能。心理學上稱之為「元認知覺察（metacognitive awareness）」，即對自己心理歷程的覺察能力。

這樣的覺察讓你有機會在選擇與反應之間，產生一點空間。你開始能問：「我真的想這樣嗎？」、「我可以換一種方式試試看嗎？」這不是背叛自己，而是給自己更多可能性。

你不是過去的總和，而是未來的選擇

我們的行為來自習慣，我們的習慣來自過去的經驗，但那並不等於我們的本質。你所相信的自己，可能只是你長期習慣活出的樣子。從今天開始，練習一點不同，讓那個未曾出場的你，有機會登場。

第四節　為何我們對自己那麼嚴苛？內在批評者的真相

內在聲音，為何總在挑剔？

「我怎麼又搞砸了」、「我怎麼這麼沒用」、「我果然不行」—— 這些話你可能不會說出口，但在心裡，卻反覆地對自己低語。心理學稱這種聲音為「內在批評者（inner critic）」，它像是腦中的一名嚴厲法官，時時準備指出你哪裡做得不夠好。

內在批評者不是真正的敵人，而是我們內心中一個過度防衛的自我保護裝置。它的出現，往往來自早年經驗 —— 當我們成長於高標準、容易被責備的環境，就容易內化「若我不夠好，就不值得被愛」的信念。

內化的聲音從哪裡來？

心理學家哈爾·史東與西德拉·史東（Hal & Sidra Stone）在「聲音對話（Voice Dialogue）」理論中指出，每個人心中都有多重內在角色，其中內在批評者是最具主導力的一種。它模仿了我們成長過程中權威者的語氣 —— 也許是嚴格的父親、挑剔的老師、或冷淡的照顧者。

這些聲音本來是提醒與指導，卻在缺乏溫柔對待與接納時，變成了自我攻擊。它們會說：「你一定要更努力，不然就沒人會喜歡你」、「你怎麼連這種事都做不好？」這些語句乍看是要求，實則是恐懼的表現。

內在批評者的兩面性

我們之所以難以擺脫內在批評者，是因為它不全然是負面的。它讓你準時交稿、提醒你不要鬆懈，也讓你在人際中保持謹慎。但問題在於，它從提醒變成羞辱，從建議變成否定時，才成為心理困擾的根源。

長期被內在批評者主導，會導致自我價值感降低、自尊下降、甚至引發焦慮與憂鬱症狀。你開始不敢冒險、不敢犯錯、不敢嘗試。因為你不是怕別人批評，而是怕自己更失望。

和內在批評者重新建立關係

我們不需要消滅內在批評者，而是學會與它共處。正念心理學提倡「帶著好奇心與溫柔去觀察自我語言」，不與它爭辯、不與它對抗，而是意識到：它只是眾多內在聲音中的一個，不代表真相。

舉個例子，當你發現自己又在心裡說：「我怎麼那麼差」，你可以試著回應：「謝謝你的提醒，我知道你是想保護我，但我現在選擇用鼓勵的方式繼續前進。」這是一種自我調節與情緒辨識的能力，也是一種心理成熟的象徵。

練習成為自己溫柔的對話者

從今天起，開始留意自己心裡的語言。你會發現那個聲音常比任何人都嚴格、都難以取悅。但你可以練習轉化它：

- 把「我真的很遜」改成「我現在還在學」
- 把「我一定會搞砸」改成「我可以試試，不一定要完美」
- 把「我沒有資格」改成「我願意給自己一個機會」

這些句子看似簡單，卻能一點一滴重建你與自己的關係。

內在批評者如何影響人生選擇

內在批評者不只會影響自我感受，更深層地左右我們的人生選擇。許多人會放棄追求夢想、錯失重要關係，並非因為不夠能力，而是因為那個聲音早早就斷定了你「不夠好」、「做不到」、「這不是你該想的」。

舉例來說，某些人不敢追求藝術、創作、領導工作，因為他們內在總有個聲音在說：「你不是那種人」、「你怎麼可能被看見」、「你表現不如別人」。這些聲音一再讓人放棄渴望、忽視熱情。

而內在批評者最深層的破壞，是讓人對自己產生恥感。恥感不同於罪惡感，它不是因為做錯事而感到內疚，而是感到「我這個人本身就是有缺陷的」。恥感會讓人越來越不敢開口、越來越不想被看見，也越來越否定自己的價值。

心理治療師克莉絲汀·娜芙（Kristin Neff）提出的自我關愛理論（Self-Compassion Theory）認為，唯有用溫柔和善的方式與自己對話，個體才有能力走出恥感、建立內在安全感。這樣的自我關愛，不是逃避問題，而是停止用打罵的方式逼自己成長。

與內在批評者對話：具體練習法

你可以試著在筆記本中寫下你經常對自己說的負面語言，並逐一練習回應它。例如：

內在批評	自我回應練習
「我怎麼那麼遜」	「我正在學習，沒有人一開始就厲害」
「我果然沒人喜歡」	「我正在練習愛自己，我的價值不依賴他人評價」
「我很懶」	「我最近很累，身體需要的是休息，不是責備」

這個練習不會馬上讓你感覺良好，但它會漸漸鬆動你和內在批評者之間的同一化，讓你重新發現那個溫柔、有能力、願意嘗試的自己。

從自責到自持，改變的起點是溫柔

真正的改變，不是從鞭打自己開始，而是從理解與自我支持開始。你不是需要更努力，你是需要更溫柔地對待那個還在努力的自己。

你的內在批評者也許無法完全消失，但它可以轉變成內在導師——一個溫和、願意提醒你走在路上的聲音。當你不再害怕自己不夠好，而是學會與不夠好和平共處，你才真正擁有了改變人生的力量。

第五節
那不是逃避，是保護自己的一種方式

別急著指責「逃避」：那其實是你努力活下來的方式

張欣怡（化名）是一名護理師，面對職場中的高壓輪班與人際衝突，她常常選擇請假、沉默或乾脆避開與主管的談話。她也曾因為這樣被批評為「不夠積極」、「逃避責任」。但在心理治療室裡，她才首次說出：「我不是不想面對，而是我知道我再逼自己，就要崩潰了。」

在心理學中，這種行為被稱為「因應策略（coping strategy）」的一種，具體來說是「情緒導向型因應」。它不是不處理問題，而是暫時保護個體不被情緒壓垮。與其說是逃避，不如說是讓自己能夠撐下去的方式。

從責備自己，到理解自己的選擇

我們習慣給「逃避」貼上負面標籤，彷彿凡是沒有直面挑戰的選擇就是懦弱。但事實上，很多看起來像逃避的行為背後，其實是一種本能的自我保護，尤其當內在資源不足、心理安全感低落時，選擇迴避反而是一種生存智慧。

心理學家指出，人在面對重大壓力時，會本能地啟動「自我節能機制」，讓自己進入一種心理節電模式。這種模式雖然會表現為退縮、遲疑、否認，但若能被正確認識，就可能轉化為更穩定的復原契機。

潛藏在逃避中的訊號：你在告訴自己什麼？

逃避本身並不可怕，可怕的是你不知道自己為何逃避。當我們開始探問：「我為什麼會抗拒這件事？」「這件事讓我感到什麼壓力？」我們就可能從行為的表層，通往更深層的心理需求。

舉例來說，一個總是延遲報告提交的人，也許不是懶散，而是害怕被批評；一個不敢主動約會的人，也許不是害羞，而是曾經歷情感創傷而無法再冒險。這些行為其實都是內心在說話，只是方式比較委婉。

真正的問題從來不是「逃」，而是「只逃不看」

逃避本身不是錯誤，但如果變成習慣性模式，讓人永遠不願面對痛點，就可能會變成長期壓抑與心理僵化。真正健康的因應方式，是允許自己適時退後，也保有再次靠近的彈性。

所謂的「適應性逃避」指的是，你可以給自己一點空間，暫時遠離壓力現場，但心中仍保有處理的可能性。它不同於壓抑，也不是否認，而是暫時關掉警報系統，好讓你得以修復與重整。

練習溫柔轉向，而不是強迫突破

如果你想改變自己的逃避行為，第一步不是逼自己「硬上」，而是先認出內在的害怕與不安。你可以試著這樣問自己：

- 「我現在最怕的，是哪一個畫面？」
- 「如果我願意前進一步，有什麼東西可以支持我？」
- 「我可以怎麼照顧好自己，同時又不完全退縮？」

逃避背後的傷痛需要被聽見，而不是被鞭策。當你學會用關愛看待自己「選擇不面對」的那一刻，你已經走在復原的路上了。

逃避，是身心喊停的語言

請記住：你不是逃避現實，而是暫時撤退，是為了保存自己、重整能量。逃避不是失敗，而是內在智慧的一種表現。當你懂得讀懂自己的「逃」，你就能找到重新出發的節奏。

第六節　「努力一點就好」嗎？情緒崩潰背後的真相

當努力變成壓垮自己的重量

許茹萍（化名）是一名社工師，她工作盡責、表現亮眼，常被同事稱為「鐵打的前線」。但她在某次個案訪視後，突然在電梯裡崩潰痛哭，連走回辦公室的力氣都沒有。她一邊哭，一邊罵自己：「我這麼脆弱怎麼當社工？」

這是一種典型的「過度努力者崩潰」現象。在心理學上，我們稱這類人具有高度的責任傾向與完美傾向，平時撐得住、扛得多，卻在一個微小事件中突然崩潰。這並不是因為他們太弱，而是因為他們「一直都太強」── 強到不讓自己休息、不容許自己示弱。

努力文化與壓力內化：你想證明什麼？

在華人文化中，努力被視為一種美德，「只要你夠努力，沒有過不了的坎」幾乎是集體信仰。但這句話在心理上暗藏危機 ── 如果我已經很努力，卻還是撐不下去，是不是代表「我根本沒資格痛苦」？

心理學家托馬斯．柯蘭（Thomas Curran）與安德魯．希爾（Andrew Hill）在其研究中指出，完美主義者最常見的內在語言就是：「我還不夠努力」、「我不夠好」；即使已經付出極大，也難以感到滿意。這種努力不只是實踐目標，更是一種證明自身存在價值的手段。

身體知道你過度了，但你沒聽見

當情緒與壓力長期被壓抑，身體會先發出警訊。頭痛、腸胃不適、失眠、胸悶、情緒爆炸，這些都不是無緣無故出現。心理生理學稱之為「身心失調反應」，它是身體對長期心理負荷的自然反應。

但許多努力者不允許自己「病」，甚至會責備自己：「我怎麼連這點壓力都受不了？」這讓他們陷入一種更深的耗竭惡性循環：身體喊停→無視→繼續努力→崩潰更重。

你不需要證明自己值得被照顧

努力與價值沒有絕對的對應關係。你不需要拚命證明自己夠好、夠強、夠用心，才值得被照顧。心理學家克莉絲汀．娜芙（Kristin Neff）提出：「自我關愛不是軟弱，而是一種真實的心理力量。」

如果你願意給朋友休息的空間，為什麼不能給自己一樣的仁慈？你已經很努力了，你不需要再逼自己撐下去，才能換來一點喘息。

練習放下「撐住」：情緒不是失控，而是訊號

從今天起，請開始練習感受自己的情緒，而不是壓抑它。當你感覺自己快撐不住時，不要馬上責備自己「不夠堅強」，而是問：「我現在的情緒在告訴我什麼？」

情緒不是敵人，它是內在需求的訊號。焦慮可能代表你缺乏掌控感；悲傷可能表示你正在失去某種連結；疲倦可能是身心在要求休息。允許這些訊號出現，就是心理健康的起點。

你不是不夠努力，是太久沒照顧自己

真正強大的人，不是從不崩潰，而是知道何時需要停下。當你願意停下來感受，才能重新出發，回到那個不是「撐著活」而是「活出自己」的狀態。

第七節
重新開始不是太晚，而是剛剛好

你不是從頭來過，而是帶著經驗前行

陳彥汝（化名）34 歲那年，離開穩定但讓她身心俱疲的金融工作，回學校攻讀心理諮商所，身邊很多人都對她說：「現在還來得及嗎？你不怕太晚嗎？」但她說：「我不是重新開始，我只是終於開始走向我真正想成為的樣子。」

我們常以為「重來」等於「輸了」，但心理學觀點提醒我們，重新開始是一種主動選擇，也是一種內在轉化的展現。每一次跨出新步伐，其實都是在整合過去經驗的結果，而非把一切歸零。

年齡焦慮：不是晚，而是太在意別人的節奏

許多人不敢改變，不是因為真的無能為力，而是害怕落後、害怕跟不上別人的進度。社會灌輸我們各種「幾歲該怎樣」的時間表：幾歲該結婚、幾歲該升遷、幾歲不能轉行。但這些都是社會文化建構出來的比較標準，與個人心理節奏往往南轅北轍。

心理學家艾瑞克．艾瑞克森（Erik Erikson）提出「心理社

會發展階段論」指出，每個人在人生不同階段會面對不同的心理任務。重點不在於年齡，而在於你是否有勇氣處理當下心理任務——例如尋找認同、重建信任、邁向自我實現。

過去不是阻礙，是通往彈性的資源庫

你可能會想：「可是我已經浪費太多年了」、「我已經錯過最好時機了」。但從心理學角度來看，沒有哪段經驗是白費的。你在過去累積的技能、人際理解、失敗經驗、甚至挫折感受，其實都能成為你未來轉換的資本。

神經科學研究也指出，大腦具有可塑性（neuroplasticity），即使在人生後期，神經連結依然能重新建立。這代表只要你願意行動，大腦就能重建學習、創造與決策的模式，支持你展開新的人生篇章。

從放下比較開始，才能真正出發

當你想「重新開始」時，最先需要放下的不是工作、不是人際，而是「比較」。你不是要跟誰比快比成功，而是要問自己：「我現在要走的路，是我真心想走的嗎？」

一位諮商心理師曾說：「最快樂的人，不是達到最多目標的人，而是最忠於自己節奏的人。」當你願意尊重自己的節奏，你就不會再被「太晚」、「太慢」這種評價給困住。

從現在開始，就是最好時機

不要再問：「我是不是太晚了？」請改問：「我現在可以怎麼開始？」因為每個當下，都可以是啟動的節點。你可以選擇從一個小練習、一項學習、一段新的關係，開始為自己建立不同的生活結構。

記住，改變不需要轟轟烈烈，它需要的是一個不再迴避的你。當你開始踏出一步，後面的路會慢慢長出來。

你沒有落後，只是走在自己的時區

你不是輸給時間，而是正在和過去的自己道別。只要你願意開始，就永遠不算太晚。你不是重新開始的人，而是選擇重新與自己站在一起的人。

第二章
當工作榨乾了你：
職場心理與倦怠調適

第一節 被晾在角落的新鮮人：蘑菇定律的心理真相

職場新鮮人的心理適應難題

剛進入職場的新人常被戲稱為「被丟進黑箱裡的蘑菇」，這句話源自於著名的「蘑菇定律」（Mushroom Management），其核心意涵是：像養蘑菇一樣對待新員工，把他們丟在黑暗的角落、給一點「養分」，也就是些瑣碎任務，卻不解釋理由、不給資源與未來方向。許多新鮮人進公司後的感受便如此：不被看見、無從發問、茫然無措。

在心理學上，這種現象不只是管理策略的問題，更涉及職場社會化（organizational socialization）與角色模糊（role ambiguity）的雙重壓力。當新人無法從環境中獲得明確資訊以建立自我定位，他們便容易出現挫敗、無力感，甚至發展出職業焦慮症狀。

根據加拿大麥吉爾大學組織心理學者南西．阿德勒（Nancy J. Adler）於 2021 年的研究，新進員工在頭六個月內如果無法獲得明確目標與回饋，工作滿意度平均下降 37%，轉職意願則提高約四成。這顯示，缺乏結構性的職場引導，不僅對個人不利，對組織也是潛在的高風險因子。

蘑菇定律的文化根源與再現

蘑菇定律之所以能在東亞文化中廣泛被接受，與「苦其心志、勞其筋骨」的成長心態息息相關。許多管理者認為，讓新人先從低層學起、承受壓力，有助於磨練其耐力與忠誠。然而，這種觀念往往忽略了現代世代在工作動機與期待上的轉變。

根據 2022 年的一份青年就業現況調查顯示，Z 世代新鮮人最重視「明確的學習機會」與「正向的團隊文化」，而非「階級制度」與「苦幹精神」。當蘑菇式管理仍持續運作，反而會造成代際鴻溝與情緒落差，加速職場流動率。

案例：職涯初登場的迷惘與突破

陳怡安（化名）於 2021 年畢業於成功大學企管系，進入北部一家新創科技公司擔任行銷助理。她原以為能參與專案、發揮創意，卻在前兩個月只負責訂便當、做會議記錄、整理文具用品。主管從不安排會議或指導，甚至連她的名字都叫錯。

這段期間，她曾三度考慮離職，並出現失眠、心悸等壓力反應。在朋友建議下，她開始閱讀心理學書籍與職場自助書，並尋求線上諮商資源。在心理師協助下，她學會運用「認知重構」（cognitive restructuring）將自己的情緒與期待逐步調整，理解初期的不被重用並非個人價值的否定。

最終，她主動向主管提出加入社群經營的企劃，並提出一個以資料驅動分析的簡報。意外地，這次表現獲得肯定，不僅得以轉任行銷專案小組，也建立了同儕間的職場認同感。她的經歷說明了：與其等待別人「澆水」，不如學會為自己創造光照。

蘑菇定律的心理效應與應對策略

從心理層面來看，蘑菇定律造成的最大危機在於「習得性無助」(learned helplessness)。這是由心理學家馬丁·賽里格曼(Martin Seligman)於 1970 年代提出的重要理論，意指當一個人持續處於無法控制的情境中，會逐漸失去嘗試與行動的動機。對新鮮人而言，若在職場初期遭遇漠視與缺乏引導，這種無力感會內化為「我不夠好」、「我不適合這份工作」等負面自我概念。

有效的應對策略，除了組織端應該設計更清晰的職務說明與導入制度外，個人也可從以下幾點著手：

- 建立心理韌性：透過日記書寫、情緒覺察與心理支持系統(如職涯教練、同儕支持圈)來穩定情緒波動。
- 主動尋求回饋：若公司未設制度，不妨私下請益資深同事或定期與主管溝通近期任務與表現。

- 轉換自我詮釋：將眼前的瑣碎任務視為磨練基本功的過程，從中找出學習點與可量化成果。
- 小目標拆解法：將不明確的大任務切成可執行的小步驟，有助於重建控制感。

重構「新鮮人」的身分認同

心理學家艾瑞克森曾在其心理社會發展理論中指出，「角色混淆」是青年初期的主要發展危機之一。對職場新鮮人而言，如何在全新環境中找到自己的角色與價值定位，是職涯適應的關鍵。

臺灣文化中，長期以來習慣用「學徒式」的期待對待新人，然而在知識經濟下，組織與員工的關係已從「指令－服從」轉變為「互惠－成長」。當企業願意放下蘑菇管理的舊思維，改採透明化、教練式的領導風格，不但能留住新血，也能活化團隊能量。

擺脫暗角的關鍵是行動

蘑菇定律並非宿命，而是一種可以突破的文化困境。若我們能重新看見每位新人的潛力與渴望，並給予他們空間與資源，那麼「被晾在角落」將不再是職場新鮮人的必經之路，而是通往成長的過渡階段。

第二節
工作狂不是熱情，是焦慮的避風港

當投入變成逃避：現代工作狂的心理樣貌

在職場文化日益崇尚「拼命三郎」與「全天候待命」的今日，「工作狂」逐漸被社會誤認為是一種積極、熱情與責任感的表現。然而心理學研究早已指出，工作狂（workaholism）並非真正的動力驅使，而是一種逃避性焦慮的外在表徵。

來自荷蘭心理學者威爾瑪·沙夫利（Wilmar Schaufeli）於 2020 年的定義指出，工作狂是一種非強迫性、但具有強烈內在驅動的過度工作傾向，其核心特徵包括：無法停止思考工作、即使在休假時仍感內疚、將成就感過度依附於工作表現，以及難以維持工作與生活的界線。

這類行為背後潛藏的，常是一種對失控情境的恐懼感。工作成為了焦慮的避風港：只要保持忙碌，就不用面對關係中的矛盾、自我價值的不確定，或未來的模糊性。

案例：忙碌成癮的空虛輪迴

林昱辰（化名），大學畢業後進入一間國際顧問公司。從第一年開始，他就以高效率與高工時著稱：每天清晨六點到公司，晚上十一點才離開。即便週末，他也常回信、開視訊，生怕「落後」別人。表面看來，他是一位事業有成的菁英，但在接受心理諮商時卻坦承：一停下來，他就陷入莫名的空虛與焦慮。

他的心理師發現，他的工作狂來自於從小成長於高期待家庭，父母將成就等同於愛的交換。他從不相信自己值得休息，也難以接受「不被需要」的感覺。這種長期的「條件式自我價值感」（conditional self-worth），讓他無法享受生活的其他面向。

心理學家布芮妮．布朗（Brene Brown）曾指出：「我們越用生產力證明自己有價值，越會感到羞愧與不足。」這說明，工作狂其實是一種深層的不安全依附行為，它假裝在追求卓越，實際上是在掩蓋內心的不安與自我懷疑。

心理機制解析：焦慮、控制與補償

從認知行為理論的觀點來看，工作狂的形成往往與「焦慮－控制－補償」的三段式機制有關。焦慮感來自對未來的預期性不確定，例如害怕失敗、失業、被取代等。為了抒解這些焦慮，人們會藉由投入工作來尋求控制感。當外界回饋良好（如獎金、稱讚），這種行為被正向強化，形成類似成癮的補償迴路。

此外，自我決定論（self-determination theory）也指出，當一個人無法在家庭、情感或休閒活動中獲得自主性與歸屬感時，便傾向以工作表現來建立自我價值。這種失衡的價值系統讓人對於「成為誰」與「做了什麼」產生錯位，最終導致身心耗竭。

組織文化與社會認可的加害角色

不容忽視的是，部分企業文化與社會敘事也助長了工作狂現象的合理化。許多高壓產業如金融、科技、醫療，常將「過勞」當成榮譽，將「離線」視為不敬業。甚至有些主管以自己當年的高工時為榜樣，要求部屬比照辦理。

這種集體「過勞美學」不僅模糊了健康與責任的界線，也抹煞了多元生活的價值。臺灣 2023 年的一項調查指出，48% 的受訪上班族表示，即使身體不適仍不敢請假，主因是擔心被貼上「不夠拚」的標籤。

重建邊界：走出焦慮的自我設限

要脫離工作狂的循環，第一步是辨識自身是否已進入「焦慮性投入」的行為模式。接著，可依據以下幾項策略，逐步重建生活的自主權：

- 練習設定工作邊界：包含明確下班時間、不隨時回覆訊息、建立可預測的日程。
- 發展非工作興趣：如運動、閱讀、志工參與，有助於找回多元自我。
- 情緒察覺訓練：學會辨認焦慮來源，不以忙碌壓抑感受，而是允許情緒流動。
- 尋求支持系統：包括心理諮商、職場教練或支持團體，協助進行情緒釋放與行為調整。

成為完整的自己，不只是一個職銜

最終，我們必須正視一個核心事實：人不是因為「忙碌」而有價值，而是因為「存在」本身就值得被接納。當我們不再以產出衡量自我，也才能真正擁抱生活的寬度與深度。工作可以是熱情的延伸，但不該是焦慮的替代品。

真正的成熟，不是做到最好，而是允許自己不完美地存在。

第三節
老闆恐懼症：你怕的，其實不是他

恐懼的投射與權威的幻影

你是否曾在週一早晨因為看到老闆的名字跳出來而心跳加速？或是即便事情不嚴重，只要對方語氣稍重就感到焦慮、懷疑自己是否做錯什麼？所謂的「老闆恐懼症」並非正式診斷名詞，卻是許多職場人心理狀態的真實縮影。

這種恐懼往往與實際上主管的行為無關，而是根植於內在的權威恐懼投射。心理學家艾瑞克·佛洛姆（Erich Fromm）早在《逃避自由》（*Escape from Freedom*）一書中就指出，人們傾向將不確定性與焦慮轉化為對權威的依附或敵意。對某些人而言，老闆並非單一角色，而是過去生活中具有權威象徵（如父母、師長）形象的再現。

個案觀察：面對權威的內心戰爭

2022 年，在一家半導體公司擔任工程師的蘇珮琳（化名），每次與主管開會前都會產生強烈的壓力反應，包含手心冒汗、胃痛甚至失眠。雖然主管實際上並不咄咄逼人，也未曾公開責難她，但她始終感到被監控與懷疑。

經過心理諮商後發現，她的反應來自童年時期與父親的互動經驗。父親經常以嚴厲語氣糾正她，並用「失望」來壓制她的情緒需求。久而久之，她習慣性地將權威等同於不被接納與價值否定，進入職場後便將這種經驗轉移至老闆身上，形成「投射性認同」(projective identification)。

心理學家梅蘭妮·克萊恩(Melanie Klein)在探討早期依附理論時便強調，人在無意識中會將內在不安與壓力投射至外在人物，特別是具有權威地位者，進而對這些人產生放大與扭曲的感受反應。

職場中的權力結構與社會學壓力

從社會心理學角度看，老闆恐懼症也與臺灣職場長久以來的高權距文化有關。根據荷蘭文化心理學家吉爾特·霍夫斯泰德(Geert Hofstede)提出的權力距離指數(power distance index)，臺灣社會的權力距離相對偏高，這意味著下屬傾向於將主管視為「高不可攀」、難以親近的存在。

此外，根據 2021 年的一份調查，超過六成的上班族曾表示「不敢當面與主管溝通內心想法」，主因並非主管本身態度，而是擔心「說錯話會丟飯碗」。這種文化氛圍強化了人們對於主管的恐懼與壓力，也阻礙了健康的上下溝通模式。

焦慮的心理動力：自我價值與控制感

恐懼權威的本質，是害怕被否定的自我價值。許多人將主管的回饋視為對自己整體價值的審判，這種「全有全無式的自我評價」往往來自成長經驗中缺乏安全肯定。心理學家卡爾．羅傑斯（Carl Rogers）曾強調「無條件積極關懷」（unconditional positive regard）對個體自我概念的建構至關重要，若早期未曾獲得這樣的接納，人們往往習慣以外界反應作為自我驗證的依據。

而主管在這樣的心理機制中，便容易被投射為評價者、懲罰者與拒絕者。每一次回報工作或接受批評，都會觸動過往創傷記憶，使當事人陷入焦慮與過度防衛。

調整策略：將權威還原為人

若想改善老闆恐懼症的困境，可從以下幾個面向著手：

- 重新建構主管形象：試著將主管視為合作對象，而非審判者。理解他們也有壓力與限制，有助於拉近心理距離。
- 練習主動回饋：主動提出意見或詢問，也可透過書面溝通逐步建立安全感。
- 進行情緒拆解：針對每一次的焦慮反應進行書寫與反思，將模糊的情緒具體化，有助於降低內在張力。

◈ 增強內在價值感：透過興趣發展、成就記錄與自我肯定練習，讓自我價值不再單一依附於主管的評價。

權威背後，其實是自己的影子

「你怕的不是主管，而是過去的自己。」這句話點出了老闆恐懼症的根源。當我們開始看見這些恐懼背後的情緒歷史與投射機制，才能逐步脫離對權威的過度依附與恐懼。

主管是一個角色，但不是人生的主宰。當我們有勇氣與自己和解，就不再需要將外界形象擴大為內心陰影。

第四節
跳槽上癮：每次離開都更不快樂？

為何換工作成了一種癮？

「只要換了工作，一切就會變好。」這句話在職場中被無數次重複。然而，當我們仔細觀察那些一年內換了三次工作的年輕人，或者總是處於「準備離職」的狀態者，會發現一個弔詭的現象：工作確實換了，問題卻依然如影隨形。這樣的現象在心理學上被稱為「跳槽成癮」，它並非真正基於職涯策略，而是對短期新鮮感與逃避不適的心理依賴。

心理學家亞伯拉罕．馬斯洛（Abraham Maslow）在其需求層次理論中指出，人在滿足基本需求後，會追求成就感與自我實現。然而，當自我概念尚未穩定時，跳槽往往成為逃避自我對話的一種手段。

案例：從期待到幻滅的輪迴

林家葳（化名），28 歲，畢業後四年間換了五家公司，分別從事過廣告、科技、旅遊、教育與保險業。每次轉職的理由都是「這不是我要的」。剛進新公司總是充滿幹勁與幻想，三個月後開始抱怨制度、同事或主管不合，六個月後就開始投履歷。

她在一次接受職涯諮詢時說：「我好像永遠在找一個『完美』的地方，但每次都失望。」透過深入諮詢發現，她從小在一個高控制家庭長大，母親對她的選擇常常否定、改變，導致她在成人後對「安定」產生排斥，總覺得被困住就等於失去自我。因此，每當工作進入穩定期，她就會本能地想逃離，誤將穩定感等同於壓迫感。

心理學家瑪格麗特·馬勒（Margaret Mahler）曾提出「分離－個體化理論」（separation-individuation theory），說明人在成長過程中若無法順利從原生家庭中分化，就容易在親密關係或組織關係中重複「抗拒融合」的模式，產生不斷抽離、跳出、尋找自由的循環。

期待幻滅與比較焦慮

跳槽成癮也與現代社會的比較文化密不可分。社群媒體充斥著「年薪百萬轉職成功」的故事，使許多人錯誤以為「好的職涯」就應該不斷升遷與轉換。在這樣的外在壓力下，職場成為一場與他人速度競賽的戰場，任何的停留都被視為落後。

根據 2023 年的一份調查，超過 62%的 30 歲以下上班族認為「頻繁跳槽有助於提升薪資與成長機會」，但其中約三成五在一年後表示「後悔跳槽」，主因為新工作未達期待、壓力更大、適應不良等。

這說明「幻想性期待」(fantasy expectation)與「選擇過載」(choice overload)正逐漸主導我們的職涯判斷，讓我們將職場當成了情感寄託與身分賭注。心理學家貝瑞·史瓦茲(Barry Schwartz)指出，選擇太多會讓人陷入不滿足與焦慮，進而對每一個選擇產生懷疑與疲憊。

心理機制解析：掌控欲與自我認同的錯置

跳槽成癮背後的深層心理機制，是一種被誤導的掌控感：當我覺得在這裡不快樂，我可以馬上走人。這種快速抽身的能力，表面看起來像是自信，實際上可能反映的是「自我認同的不穩定」。

心理學家詹姆士·馬西亞(James Marcia)擴展了艾瑞克森的自我認同理論，認為年輕人在探索認同時若未經歷足夠的承諾與反思，會停留在「認同延宕」(identity moratorium)狀態，反覆更換角色，卻始終無法建立穩固的自我定位。

這也解釋了為何部分跳槽者雖然經歷多重產業與職位，卻依然對「我適合做什麼」毫無頭緒，甚至產生職涯自我懷疑。

找回內在定位的轉捩點

與其將跳槽視為失敗，不如重新思考每一次轉換的核心動機與學習。以下幾點策略可協助個體走出跳槽焦慮：

- 定期職涯檢視：每半年反思一次工作滿意度與發展方向，記錄具體感受與目標差距。
- 區辨「不適」與「抗拒成長」：不喜歡可能是成長的機會，區辨是真正不合還是尚未適應。
- 建立非職場的自我價值：讓自我認同不再單一依附於工作角色，有助於降低逃避衝動。
- 進行深度職涯諮詢：與專業職涯教練或心理師合作，釐清內在需求與外在選擇的一致性。

每一次離開，都可能是一種重複

跳槽本身不是問題，問題是：我們是否帶著相同的困惑、傷口與不安，一次又一次地進入新職場？若未處理好根源情緒與認同議題，每一次離開都只是在延後面對的時刻。

當我們學會把焦點從外在環境轉向內在狀態，才有機會在看似「漂浮」的工作歷程中，找到屬於自己的錨點。

第五節　職業倦怠與「我是不是撐不下去了」的那一天

職業倦怠，不只是累了那麼簡單

「我覺得自己快撐不下去了。」這是一位 32 歲的護理師，在與心理師初談時說出的第一句話。她並非不努力，也不是不熱愛工作，而是在長期的高壓、過勞與情緒勞動下，身心逐漸崩潰。這種狀態並非單純的疲憊，而是心理學上所稱的「職業倦怠」（burnout）。

根據世界衛生組織（WHO）在 2019 年將職業倦怠列入《國際疾病分類》（*ICD-11*）中所做的定義，職業倦怠是因長期職場壓力未獲有效管理所導致的症候群，主要表現為三個層面：

- 精神與情緒的枯竭（emotional exhaustion）
- 工作疏離與冷感（depersonalization）
- 成就感降低與效能感喪失（reduced personal accomplishment）

這不僅影響職場表現，也可能導致身心疾病、情緒困擾與關係失調，是現代職場最普遍卻又最容易被忽視的心理危機之一。

案例：從熱忱到耗竭的演變

葉思婷（化名），是一位任職於公立國中的英文老師。她曾是學生最喜歡的導師之一，熱愛教學，也積極參與校務。但自從 2021 年起，因為人力不足與行政業務壓力，她開始出現嚴重的疲憊感。即使每天努力備課與指導學生，卻感到「再怎麼做也沒人看見」。漸漸地，她對學生變得冷漠，甚至一度在課堂上落淚。

在朋友建議下，她前往身心科診所就診，並接受短期心理治療。經過會談，她才發現自己的職業倦怠並非突然發生，而是長年累積的自我壓抑與過度責任感所造成。她也第一次學會說出「我需要幫助」，而非一味忍耐。

這個案例揭示了，倦怠不等於脆弱，而是一種需要被理解與照顧的心理訊號。

倦怠的心理動力與身心機轉

從心理學角度來看，職業倦怠並非單純的過勞，而是動機－情緒－價值三者失衡所致。心理學家克莉絲蒂娜．馬斯拉赫（Christina Maslach）與麥可．雷特斯（Michael Leiter）在其研究中指出，倦怠的形成常見於下列六種職場失配（mis-match）：

- 工作負荷過重
- 控制感不足
- 回饋與認可匱乏
- 社群支持薄弱
- 公平感受缺失
- 個人價值與組織文化衝突

當工作與個體需求長期不符，個人容易陷入「自我耗損」的狀態，進而影響神經系統、免疫系統與情緒系統。根據 2023 年資料統計，超過七成的壓力型憂鬱與焦慮症候群患者，在發病前三個月內出現明顯的職業倦怠症狀。

為什麼我們撐不下去，還是繼續撐？

許多人明知自己已經疲憊不堪，卻仍堅持工作、不願求助。這與文化中的「吃苦當吃補」心態、「別人都可以我也要撐」的比較情結，以及「努力就是美德」的社會價值有關。

心理學家亞倫・貝克（Aaron Beck）所發展的認知理論指出，許多人的思考中存在「必須型信念」（musturbatory beliefs），例如：「我必須要做到最好才有價值」、「我不能讓人失望」、「我不能顯得脆弱」。這些信念雖能激勵人短期內表現出色，長期卻可能造成自我壓榨與情緒崩解。

重建內在資源的復原力工程

走出職業倦怠，不只是休息幾天那麼簡單，而是需要全面性的內在資源重整與外部支持建構。以下是幾項實證有效的調適策略：

- 情緒去汙名化：承認自己的倦怠與脆弱，並尋求可信任的對話對象或心理專業協助。
- 建立「夠好」而非「完美」目標：學習設定實際可達的工作標準，並允許自己不總是表現完美。
- 優化作息與能量管理：包含睡眠、飲食、運動與數位休息，重新建立身心節奏。
- 尋找支持性社群：如同儕支持團體、正念練習小組或職場心理資源中心。
- 探索工作意義的轉向：重新連結當初選擇這份工作的初衷，或思考轉職、兼職等彈性選項。

那一天，是求救的開始而非結束

每一位說出「我是不是撐不下去了」的人，其實都還懷抱著想撐下去的心。那一天，或許是崩潰的一天，但更是轉化與重生的契機。當我們開始學會向內看見自己的需求，承認壓力與情緒的存在，就有機會開啟復原力的路徑。

職業倦怠不該被浪漫化，也不需被羞辱。它是一種訊號，提醒我們：別再忽視自己的存在價值。

第六節
無止盡的考照焦慮與比較陷阱

為什麼我們總是在準備下一張證照？

「我是不是該再考一張？」、「大家都有，我不能落後」這些內心聲音，構成了現代職場人持續考照的焦慮循環。原本是為了提升專業能力，卻逐漸演變成一種永無止境的心理壓力。

根據104人力銀行2023年的統計，超過七成的25～35歲上班族表示，過去兩年內曾經歷「為考證照而長期焦慮」的情況，其中三成認為「考照壓力已影響生活品質與人際關係」。可見，考照不再僅是能力提升的工具，更成了焦慮的出口與自我價值的試金石。

心理學家卡倫．荷妮（Karen Horney）在其人格理論中提到「追求完美的神經質傾向」，即個體傾向將自己的價值建立在無止境的成就追求上。對某些人來說，證照越多，才越有存在感；沒在準備考試，就感到焦慮與不安。

案例：準備一張又一張，卻從未安心

吳彥蓁（化名），34歲，任職於一家外商企業。她已擁有五張國際認證證照（PMP、TOEIC、CFA一級、Google Analytics 等），工作表現穩定，收入也高於同齡平均。但她依然報名了心理師學分班，並計劃參加國考。

「不是我特別愛念書，而是看到別人有更多證照，我就開始懷疑自己是不是不夠好。」她說道。在職涯諮詢中發現，她的焦慮並非來自真正的職能需求，而是一種「社會性比較焦慮」—— 來自社群媒體與同儕圈中的不斷參照，進而產生自我懷疑與競爭壓力。

心理學家里昂・費斯汀格（Leon Festinger）早於 1954 年提出「社會比較理論」（Social Comparison Theory），說明人們會以他人作為自我評估的標準，而當這種比較是向上（upward comparison）時，若自我概念不穩定，就容易產生自卑與焦慮。

準備焦慮與自我價值的扭曲連結

考照焦慮的深層機制，來自一種錯誤的價值連結：將「證照數量」當作「個人能力」的等號，甚至誤認為是「人生安全感」的來源。這種模式與心理學家艾伯特・艾利斯（Albert Ellis）所提出的非理性信念有關，例如：「我若不不斷進修，就會失敗」、「只有比別人更強，才值得被尊重」。這些想法導致人們無法從成就中獲得滿足，反而陷入永遠不夠的惡性循環。

此外，來自家庭與教育體制的影響也深植其中。在臺灣，多數人從小被灌輸「唯有成績與證照才是努力的證明」，使得成人後即便工作穩定，仍難以擺脫「進修焦慮」的陰影。這也讓許多人誤以為，只有持續學習與考證照，才配得上休息與被愛。

「認證型自我」與生活失衡

心理學者麥可・羅斯（Michael Ross）提出「認證型自我」（credential-based self-concept），指的是一種以外在認證、標章與頭銜作為自我價值核心的身分結構。這樣的自我建構方式，在職場高競爭族群中特別常見，也特別脆弱。

當自我價值過度依賴這些外在認證，一旦停下腳步、不再準備證照，便會感到空虛與不安。同時，生活的其他面向（如關係、休閒、健康）也會因此被犧牲，導致長期的心理倦怠與生活失衡。

焦慮的調整與健康的努力策略

跳脫無止盡的考照焦慮，並非要我們放棄進修，而是要重建與「努力」的關係。以下是幾項實務策略：

- 界定動機來源：每次考照前，先釐清是出於興趣、職能需求，還是來自比較焦慮。

- 設定「進修冷靜期」：給自己半年不參與任何新證照計畫的時間，用以觀察自身情緒與生活變化。
- 關注成長的其他面向：將學習目標擴展至非職場領域，如創作、志工、旅行等，找回生活的多元感。
- 進行心理覺察訓練：可透過正念練習、書寫日記等方式，增強對焦慮來源與自我價值觀的辨識能力。

當我們終於可以說：「我，已經夠好了」

每一次不報考的決定，都是在告訴自己：「我值得被肯定，不需靠證照證明存在。」考照本應是一條提升專業的途徑，但當它變成自我懷疑與比較焦慮的工具，我們就需要停下腳步，問自己：這條路，還是我選的嗎？

當我們能夠從內在肯定自己，而非仰賴一紙認證，那才是真正的自由，也是健康職涯的開始。

第七節
假期結束後，我不想再回去那間辦公室

從放鬆到排斥：假期後的心理落差

每當連假結束，社群媒體上總會出現各種「不想上班」的哀號，從搞笑貼圖到真實崩潰的訴苦，形成一股集體的心理共鳴。這種現象並不只是短暫的情緒低潮，而是心理學上所稱的「假期後憂鬱症」（post-holiday blues），其深層意涵往往指向一種未被處理的心理耗竭與職場疏離。

根據一份 2022 年的調查，超過 67%的受訪者表示在長假後感到焦慮、憂鬱或缺乏動力，特別是在對目前工作感到不滿、缺乏歸屬感或處於高壓環境的人群中，這種「抗拒回去」的情緒更為明顯且強烈。

從心理機制來看，假期提供了一種暫時性自由，使人重新獲得掌控時間與行動的能力。一旦這種自由被終止，回歸日常的束縛感就會迅速加劇個體的情緒壓力，讓原本潛藏的職場不適被放大與外顯。

案例：一封不願點開的電子郵件

陳可妤（化名），32 歲，是某跨國企業的品牌專員。2024 年春節連假結束的前一晚，她感到極度焦慮、輾轉難眠，甚至出現胸悶與呼吸急促的身體症狀。翌日早晨，她望著筆電許久才勉強打開，當看到收件匣裡塞滿尚未處理的工作郵件時，情緒瞬間崩潰。

她並非懶散或逃避責任的人。相反地，過去幾年她都是團隊中最可靠、最盡責的成員。只是這次長假讓她首次意識到：「我已經很久沒有真正放鬆過了。」假期讓她重新體驗了生活的另一種可能，也讓她開始質疑這份工作是否仍符合自己的價值與生活目標。

這類情緒反應並非偶發，而是長期壓抑、自我犧牲與過度投入工作所累積的結果，在假期結束這個時間點，被成倍放大並集中爆發。

心理機制解析：控制感喪失與自我抽離

從心理學角度觀察，假期讓人重新掌握生活主導權，恢復與內在需求的連結。而工作，尤其是在結構僵化、控制強烈的職場環境中，往往代表著服從、期待與他人主導。這樣的落差，導致從假期回到工作模式時，個體會出現心理上的「控制感剝奪」與「自我抽離」感受。

心理學家愛德華．迪西（Edward Deci）與理察．瑞安（Richard Ryan）提出的自我決定理論（self-determination theory）指出，人類三大心理需求分別為自主性（autonomy）、勝任感（competence）與關係感（relatedness）。若這三種需求長期無法在工作中獲得滿足，個體便容易出現疏離、無力、甚至憂鬱等心理困擾。

這樣的反應尤其常見於工作內容單調、與同事互動疏離、或主管風格壓迫的情境下。假期成為唯一能讓人「喘口氣」的出口，回到原來的工作環境就如同再次踏入枷鎖，產生劇烈的不適與排斥感。

社會文化與假期的「許可感」

在臺灣，「努力才配得幸福」的文化敘事根深蒂固。許多人從小就被灌輸「成功是靠辛苦換來的」，而休息則被視為一種奢侈或懈怠。這種觀念延伸至職場後，造就了一種內化的自我監控機制：即使已經身心俱疲，也不敢示弱、不敢放鬆。

假期之所以令人嚮往，是因為它賦予了一種被社會允許的「暫時性不努力」。然而，這種被允許的短暫喘息，一旦終止，人們便再次墜入「持續奮鬥」的心理地獄中。這種二元對立的價值觀，使得工作與生活無法調和，假期與上班成為極端的兩端，也讓假期結束的心理失落感顯得更加強烈。

從假期焦慮中看見真實需求

假期焦慮是一面鏡子，反映我們在日常生活中忽視的自我需求。它不是軟弱的表現，而是一種心理調整的契機。當我們能從中察覺自己的壓力來源與情緒反應，就能藉此重新調整節奏與生活方式。

以下是幾項可實踐的心理調適策略：

- 設定過渡計畫：避免從極度放鬆直接跳入高壓節奏。可預先安排返工前一天作為「收心日」，用來整理環境與規劃新的一週。
- 調整工作期望與行程設計：第一週安排較多緩衝任務，避免過早投入高強度工作。
- 記錄假期中的快樂元素：將假期中感受到的快樂活動記錄下來，並找出其中能融入日常生活的部分，轉化為長期的生活支持系統。
- 建立穩定的自我照顧儀式：如睡前閱讀、晨間運動、週末斷線等，讓身心獲得持續性的照顧與回復。
- 重新檢視職場與人生目標的一致性：若假期後的排斥情緒持續強烈，應思考是否目前的工作內容、組織文化或職涯方向需要重新評估與調整。

假期不是逃避，是覺察的起點

每一段假期的自由與鬆弛，都可能是生活試圖提醒我們：「其實，你還可以選擇另一種生活方式。」當我們在假期結束時感到無法回到工作崗位，那可能不是因為懶散或抗拒責任，而是因為內心正在呼喚更多的平衡、意義與自我照顧。

真正的問題並非「為什麼我這麼排斥上班」，而是「為什麼只有在假期裡，我才感到我像自己」。

如果我們願意正視這份抗拒，而非壓抑它，那麼它將成為改變生活的入口。當我們能從這樣的情緒中提煉出價值與方向，才能重新找回一種真正屬於我們自己的生活節奏。

第三章
學習讓人焦慮，不是因為你不夠聰明

第一節　為什麼我總是記不起來？——記憶與遺忘的心理機制

記憶力差，不代表你不夠努力

許多人都有類似經驗：上課明明很認真聽講，筆記也做得仔細，但到了考試卻腦中一片空白；或是閱讀完一整篇文章，剛闔上書本便忘了內容。這種記憶困擾常被誤解為「我是不是不夠聰明？」其實，記憶並不是一個簡單的輸入－儲存－輸出的過程，而是受到許多心理與生理因素交互影響的複雜系統。

根據美國心理學會（American Psychological Association, APA）的定義，記憶是指個體接收、儲存與回憶訊息的能力，涵蓋了感官記憶、短期記憶與長期記憶三個層次。每個層次的失衡或干擾都可能造成「記不住」的現象，而這些現象常被誤解為能力不足，其實更可能是認知負荷過大、注意力分散或情緒干擾等原因造成的。

記憶的三階段：編碼、儲存與提取

心理學家理察．阿特金森（Richard Atkinson）與理察．雪佛林（Richard Shiffrin）在 1971 年提出的多重儲存模式（multi-store model），指出記憶形成分為三個關鍵階段：

- 編碼（Encoding）：資訊從外界進入腦部，透過感官處理後被轉換成大腦能理解的形式；
- 儲存（Storage）：經過編碼的資訊進入短期或長期記憶，進行整合與保留；
- 提取（Retrieval）：個體在需要時從記憶庫中喚起特定資訊。

若任一階段出現問題，例如編碼時注意力不集中、儲存期間缺乏重複練習或提取時情緒焦慮，都可能導致「記不起來」的困擾。

案例：從記不住到記得住的轉變

張以琳（化名），是一位準備高普考的社會新鮮人。在準備過程中她總覺得自己記憶力差，無法長時間記住法條條文與政策要點。每次複習總覺得是「重新來過」，陷入一種反覆挫敗的焦慮循環。

她在參與心理諮商後才發現，問題不在於記憶能力，而在於學習策略錯置與高壓環境下的情緒干擾。她習慣在深夜背誦重點內容，卻忽略了充足睡眠對記憶鞏固的重要性；她也總在壓力極大時複習，導致大腦無法有效處理與儲存資訊。

透過改變學習策略，包括採用番茄鐘技術（Pomodoro Technique）、增加白天記憶活動，以及睡前冥想穩定情緒，她的記憶效率大幅提升，不僅通過考試，還發現自己原來比想像中更能學會。

遺忘的保護功能與心理意涵

我們往往將遺忘視為缺陷，卻忽略了它其實具有心理上的保護與調節作用。心理學家赫爾曼·艾賓浩斯（Hermann Ebbinghaus）在十九世紀研究遺忘曲線（forgetting curve）時指出，若無刻意重複學習，資訊會在數小時至數天內急速遺忘。

這項研究後來被廣泛應用於學習科學中，用來說明重複與時間間隔的重要性。然而現代神經心理學也指出，遺忘機制不僅是為了清除無用資訊，更是為了讓大腦保有處理新資訊的彈性。這就像是電腦必須清理快取才能運行更順暢一樣。

此外，從創傷心理學的觀點來看，部分遺忘甚至具有自我防衛作用。心理學家佛洛伊德（Sigmund Freud）認為，潛意識中對某些經驗的壓抑，也是為了保護個體免於再次受傷。當我們無法記起某段記憶時，有時候並不是能力的問題，而是心理在自我保護。

記憶效率與注意力、情緒的三角關係

記憶從不單純是一項孤立的能力，它與注意力與情緒狀態密不可分。根據 2021 年美國史丹佛大學的研究，大腦在情緒激昂時會選擇性地強化某些記憶，稱為「情緒性記憶偏好」（emotional memory bias）。例如：一場尷尬的演講常比順利完成的簡報更讓人難忘。

另外，注意力的分散也會嚴重削弱記憶的編碼效率。現代人習慣一邊讀書一邊看手機、一邊聽課一邊滑社群，導致資訊進入大腦的深度不足。心理學家丹尼爾·高曼（Daniel Goleman）指出，專注力是當代學習力的基礎資產，而記憶正是建構在專注的基礎上。

提升記憶的策略與心法

要讓自己記得住，與其質疑記憶力，不如調整學習與生活方式。以下是數項經過實證有效的記憶提升策略：

- 分散學習法：將學習分散於數日進行，有助於強化長期記憶。
- 間隔重複：根據遺忘曲線安排複習時間，如第一天、第三天、第七天反覆閱讀。

- 自我測驗：與其重讀筆記，不如多做自我測驗，增加提取強度。
- 多感官學習：搭配朗讀、畫圖、角色扮演等方式，有助於記憶整合。
- 穩定作息與情緒調節：良好的睡眠與情緒穩定是記憶最強的輔助劑。

記憶的核心，是與自己合作

記憶不是關於「背得多快」，而是「如何理解、整理與回憶」。它是一種與自我對話的能力，也是我們與世界連結的橋樑。

當你覺得「記不起來」時，請別急著否定自己。你可能不是不夠聰明，而只是需要一種更適合自己的學習方式與心理節奏。

學習的過程，從來不該是焦慮的馬拉松，而是與自己和解的深度旅程。

第二節　比馬龍效應：當你相信我，我真的變得不一樣

期望的力量：一種被低估的心理槓桿

你是否曾經因為老師一句鼓勵的話而改變對自己的看法？或是在主管看好你的那一刻，突然對自己多了信心？這些看似微小的瞬間，其實展現了一種極具影響力的心理現象——比馬龍效應（Pygmalion Effect）。

比馬龍效應，或稱羅森塔爾效應（Rosenthal Effect），源自心理學家羅伯特·羅森塔爾（Robert Rosenthal）與萊諾爾·雅各布森（Lenore Jacobson）於 1968 年的經典實驗。他們在美國小學中進行了一項「智力潛能測驗」，但實際上隨機選出幾位學生告訴老師他們是「潛力股」。幾個月後，這些學生的成績與表現明顯提升。研究顯示，教師對學生的正面期待會透過語氣、眼神、互動頻率等方式，改變學生對自己的認知與行為表現。

案例：一句話，改變一個人的信念

邱孟澤（化名）是一位高職生，國中時期因為數學成績常常不及格，被老師與同學貼上「數學白痴」的標籤。他也因此

開始相信自己根本學不會數學，對數學產生逃避心理。直到高一遇上一位願意花時間解說、並在每次小考後都會鼓勵他「你真的有進步」的數學老師。他說：「第一次有人不是批評我，而是看見我有可能。」

這位老師從未對他的錯誤生氣，反而在他答對一題後會真誠地說「你抓到了重點」，讓邱孟澤第一次覺得自己其實可以學會。三學期過後，他不但數學不再不及格，甚至成為班上中段偏上的學生。他的學習方法沒有劇變，改變的是他對自己的看法與信心。

這樣的轉變，正是比馬龍效應的具體實踐：當他人相信我們能做到，我們也更願意去嘗試，進而真的做到了。

自我期待與他人期待的交互作用

比馬龍效應的運作基礎，不只在於他人的信念，也深深根植於個體自我概念的形成。心理學家卡爾．羅傑斯（Carl Rogers）強調「自我概念」（self-concept）是在社會互動中逐步建立的，特別是來自重要他人的回饋，會對我們如何看待自己產生長遠影響。

若一個人在成長過程中經常接收到「你不行」、「你很慢」等負面訊息，這些外部聲音會逐漸內化為自我期待的下限。而比馬龍效應的關鍵，就是打破這個負向循環，透過外在的正向期待，幫助個體重建自我概念。

這不只出現在教育現場，也廣泛存在於職場、家庭與人際互動中。例如主管對新人多給一些耐心與信任，往往能讓員工更快進入狀況；父母若總是相信孩子具備責任感與同理心，孩子也更傾向朝這個方向發展。

如何培養正向的「期望語言」？

比馬龍效應雖然強大，但也不是神奇魔法，它的運作基礎仍需建立在真誠與實際觀察之上。空泛的讚美不但無效，反而可能讓人感到虛假與壓力。要發揮比馬龍效應的正向力量，我們可以從以下幾點著手：

- 具體肯定：與其說「你好棒」，不如說「你在這題的邏輯推理很清楚」。
- 預告進步：在對方尚未成功時，給予可能性預測，如「你再練幾次，我相信你會更穩定」。
- 容許錯誤：讓對方知道失敗不會改變我們對他的期待，反而是成長的一部分。
- 建立信任關係：期望建立在關係基礎上，對方願意相信你的看法，才會內化為自我信念。

當我們被低估時，該怎麼辦？

比馬龍效應的另一面，是「魔像效應」(Golem Effect)，即他人對我們的負面期待會壓抑我們的表現與信心。若你發現自己處在一個經常被低估、否定甚至打壓的環境中，那麼建立自我期待、自我回饋的能力就變得格外重要。

心理學家艾伯特·班度拉(Albert Bandura)所提出的「自我效能感」(self-efficacy)概念指出，個體對於自己是否能完成某件事的信念，會直接影響其行動與表現結果。我們可以透過以下方法強化自我效能感：

- 回顧自己過去曾克服的困難與成功經驗
- 設定小而可達的目標並逐步完成
- 建立正向自我對話的習慣
- 接觸支持性的學習環境與人群

相信，是教育與人際中最溫柔的力量

比馬龍效應提醒我們：在學習與成長的過程中，他人的眼光與信念從來不只是背景噪音，而是可能引導我們邁出關鍵一步的推手。

每一個被看見與被相信的瞬間，都是一顆在心中發芽的種子。當我們選擇用信任取代懷疑、用肯定取代否定，我們不只改變了一個人的表現，更可能改變一個人的人生走向。

在這個常常高壓與批評的時代，願我們都能成為彼此的比馬龍：看見潛能、給予信任，並一起見證「我真的做到了」的時刻。

第三節
分心，是大腦在對抗壓力

分心不是懶惰，而是大腦的自我保護機制

在面對學習、工作或考試時，我們常會抱怨自己太容易分心。明明打開書本準備讀書，卻三分鐘後開始滑手機；坐在電腦前要寫報告，卻先點開了 YouTube 或社群網站。許多人將這樣的行為視為意志薄弱或自律不夠，但其實，分心常常不是因為不夠努力，而是大腦正在保護自己避免過度承受壓力。

心理學家丹尼爾·康納曼（Daniel Kahneman）在其著作《快思慢想》中指出，我們的注意力資源有限，當大腦面對高負荷的運算壓力時，會傾向選擇較輕鬆、較低耗能的刺激來舒緩焦慮。這就是為什麼我們在越緊張、越不想出錯的情況下，反而越容易注意力渙散。

案例：分心成了壓力的出口

黃子傑（化名）是一名準備研究所考試的大學生，他每天寫下詳細讀書計畫表，卻總是難以執行。每當他打開課本不到五分鐘，就會想要滑手機、整理桌面或泡一杯咖啡。他對

此充滿自責，認為自己太懶惰。

在接受校內輔導室諮商時，輔導老師協助他進行情緒覺察與壓力來源釐清。原來他從小在父母高期待下成長，對失敗有極度恐懼感。每當開始讀書，就會無意識啟動「壓力警報系統」，而大腦為了避免這種情緒過載，便透過分心來分散壓力來源。

經過兩個月的認知行為療法（CBT）與情緒釋放技巧（EFT）練習後，他學會辨識壓力徵兆，並在分心行為出現時不再自責，而是轉而檢視背後的情緒訊息。他的讀書效率也因而提升，情緒狀態更穩定。

分心與壓力系統的神經機制

從神經心理學的角度來看，壓力與注意力分心之間的關係有其生物學基礎。當大腦感知壓力或威脅時，杏仁核會啟動，釋放壓力賀爾蒙如皮質醇，進而抑制前額葉皮質的功能——而前額葉正是負責專注力、執行功能與抑制衝動的區域。

這也解釋了為什麼我們在情緒不穩、焦慮或疲憊時，特別難以集中注意力或維持目標導向的行為。分心不單只是行為問題，更是大腦面對壓力時的一種「暫時逃避」策略，透過轉移注意來保護大腦的資源不被耗盡。

數位干擾與過度刺激的現代挑戰

除了內在壓力，現代人面對的另一個巨大干擾源是「數位過載」。研究指出，現代上班族平均每 5 分鐘查看一次手機，每天會接收超過 100 條訊息。這種頻繁的注意力切換讓大腦無法有效進入「深度工作狀態」（deep work），也使得分心變成一種常態。

根據 2023 年哈佛大學的研究指出，長期暴露於多工與分心環境中的人，前額葉的功能會逐漸弱化，進而影響工作記憶與決策能力。也就是說，我們越習慣被打擾，就越難再回到專注狀態。

與分心共處：五項實用策略

要改善分心現象，並不代表完全杜絕干擾，而是學會與它和平共處，並適時管理。以下是五項被實證支持的策略：

(1) 限制干擾源：學習時關閉通知，使用專注模式或時間管理 App（如 Forest、Focus To-Do）。

(2) 定期休息循環：採用番茄鐘技術，每 25 分鐘專注學習後休息 5 分鐘，減少壓力堆積。

(3) 壓力察覺與情緒釋放：每次分心時停下來寫下當下的感受，或進行深呼吸與正念練習。

(4) 目標拆解與即時回饋：將大目標拆成小任務，並給予自己即時的成就感。

(5) 創造儀式化學習空間：固定在同一個位置、同一時間學習，幫助大腦建立習慣化模式。

分心的背後，是身體在求救

每一次的分心，其實都是一個訊號 —— 告訴我們「現在這樣的壓力負荷太高了」。與其怪罪自己不夠專注，不如試著理解分心背後的心理與生理脈絡，調整學習方式與壓力處理機制。

當我們學會不將分心視為敵人，而是轉為對話的入口，就能從中找出最適合自己的節奏。因為學習從來不是一場逼迫自己的競賽，而是傾聽內在、善待大腦的過程。

真正的專注，並不是強迫自己不動搖，而是在動搖之中重新找到自己的錨點。

第四節
雜念不是你的敵人，反而是你的導航

雜念的出現，是心智活動的證據

在我們努力專注於學習時，腦中常會浮現各種與當下無關的念頭：等一下要吃什麼？剛剛朋友的訊息是不是該回了？昨天那場對話是不是說錯了什麼？這些所謂的「雜念」(mind-wandering) 常被視為專注力的障礙，也常讓人陷入自責與焦慮。但實際上，雜念並非敵人，而是大腦持續運作與自我調節的自然現象。

心理學家喬納森·斯莫伍德 (Jonathan Smallwood) 與潔西卡·安德魯斯－赫娜 (Jessica Andrews-Hanna) 在 2014 年的研究指出，當大腦處於「預設模式網絡」(Default Mode Network, DMN) 活躍狀態時，會自動啟動內在思考流程，包括過去回憶、未來想像與自我反思。這些內在活動正是雜念的來源，但同時也與創造力、問題解決與目標設定息息相關。

案例：一堂失焦的課，換來一次突破的點子

陳信宏 (化名) 是某科技大學設計系的學生，在一次通識課上感到課程內容乏味，腦中不自覺地開始「神遊」。他想到

自己正在設計的期末專題，腦中突然閃現一個全新的構圖靈感。他立即拿出筆記快速草畫下來，課後回去修改，最終完成的作品還獲得當年度校內設計競賽優選。

他後來分享：「那堂課我根本沒專心聽，但卻做出我學期中最滿意的一個設計。」這件事讓他改變了對「分心」與「雜念」的看法，開始學習與這些念頭合作，而非對抗。

這個案例顯示，雜念有時不是干擾，而是潛意識在對我們說話，只要學會辨識與接納，就能從中擷取有價值的訊息。

預設模式網絡與大腦內在導覽系統

預設模式網絡（DMN）是神經科學中描述大腦在「非任務狀態」下的活躍區域，涵蓋內側前額葉皮質、後扣帶皮質、內側顳葉等區域。這些區域主要負責內省、自我認知、時間旅行（思考過去與未來）等高階認知功能。

當我們進行刻意的學習與專注時，大腦會切換至「任務正向網絡」（Task Positive Network, TPN）；而當我們放鬆、不刻意思考時，DMN 會啟動，進行內部整合與反思。這種切換是自然且必要的過程，就如同深呼吸需要吸與吐的交替，專注與雜念也是心智活動的節奏律動。

雜念與創造力、情緒調節的關聯

越來越多研究發現，適度的雜念有助於激發創意。心理學家指出，在從事低壓任務時的雜念頻率與創造力測驗得分呈正相關。這表示，當人們不再強迫自己時，大腦反而能自由組合訊息、建立新的聯想網絡。

此外，雜念也有助於情緒的調節。當我們經歷壓力或人際衝突時，心智透過雜念來模擬情境、演練反應，進行內在調節與心理復原。這是一種潛在的心理自療機制，能幫助我們為現實挑戰做準備。

從對抗到共處：與雜念和平共處的練習

與其努力驅逐雜念，不如學習觀察它、與之對話。以下是幾項可行的練習方式，協助我們將雜念轉化為資源：

- 雜念筆記法：學習時準備一張便條紙，當雜念浮現時記錄下來，之後再處理。
- 正念靜坐：每日練習 5 ～ 10 分鐘的呼吸覺察，讓自己熟悉雜念來去的自然節奏。
- 創意整理時間：刻意保留「放空」時段，如散步或洗澡時，讓大腦自由聯想。

- 情緒日記：用書寫方式梳理雜念與情緒連結，培養情緒辨識與自我理解能力。
- 分辨類型：練習區分雜念是屬於回憶、擔憂還是創意，並依此調整注意力策略。

當雜念成為導航，我們就不再迷路

雜念並不是我們學習或工作的敵人，而是心智調節系統的重要部分。當我們能學會傾聽雜念的訊號、辨識其背後的需求與指引，我們便能更有彈性地調整節奏、釐清方向，甚至從中獲得靈感與洞見。

真正的專注，不是完美排除雜念，而是學會在雜念的來去中，找到那條屬於自己的清晰路徑。

第五節
心流與專注：學會與注意力和解

當「專注」不再是苦行，而是自然的融入

你是否曾經在某次創作、閱讀或工作時，完全沉浸其中，忘記時間、忘記疲憊，甚至忘記自己？這種狀態，心理學上稱為「心流」（flow），是當我們的技能與挑戰達到最佳匹配時所進入的高專注狀態，也是人類感受到最深層滿足與幸福的來源之一。

心流理論最早由匈牙利裔美國心理學家米哈伊·契克森米哈伊（Mihaly Csikszentmihalyi）於 1975 年提出。他透過大量訪談發現，無論是音樂家、運動員、外科醫生，還是工程師，都曾有類似的心流經驗：在全神貫注的狀態中，他們感覺自己與活動合而為一，既專注又愉悅。

然而，在注意力稀缺、資訊氾濫的當代，要進入心流變得比以往更困難。很多人對「專注」充滿焦慮與壓力，將其視為需要強迫與克服的目標。這一節將帶你重新認識心流與專注的關係，學會不再對抗注意力，而是與之和解。

案例：從拖延到進入「心流工作術」

陳琬婷（化名），是一位從事軟體設計的工程師，長期受到專案拖延與時間分配困擾。她曾試過各種時間管理法，卻始終無法維持穩定的產出節奏。直到參與了一場由心理師與科技企業合作舉辦的「心流工作坊」，她才首次體驗到「專注不一定是苦行」的轉變。

在活動中，她發現自己在解決某些程式邏輯問題時其實會自動進入心流，但被會議打斷、通訊軟體干擾，才讓她難以穩定延續這種專注。她學會為自己創造一段「心流區域時間」，每天固定安排無干擾的 2 小時，讓自己沉浸於單一任務。半年後，她不僅工作效率提升，心理壓力也大幅減少。

這個案例提醒我們，心流不是天賦，而是可以被設計與培養的環境與狀態。

心流的八大要素：從心理進入深度專注

契克森米哈伊將心流經驗歸納為八大心理特徵：

(1) 明確的目標設定；

(2) 對當下行動有即時回饋；

(3) 技能與挑戰相匹配；

(4) 完全集中注意力於當下；

(5) 自我意識暫時消失；

(6) 時間感扭曲（如時間飛逝）；

(7) 行動與意識的融合感；

(8) 活動本身具有內在動機（autotelic experience）

這些特徵說明，要進入心流狀態，需要具備某些心理與環境條件，而非單靠意志力。尤其是第 3 點「技能與挑戰匹配」是心流的核心關鍵。若挑戰過高會感到焦慮，太低則覺得無聊，唯有兩者平衡時，我們才能自然進入高專注狀態。

心流與注意力失調的現代困境

根據 2022 年的一份報告指出，超過四成的大學生自評難以在學習中維持專注 30 分鐘以上。主要原因包含數位分心、任務碎片化、以及對學習內容缺乏意義感。

注意力困難常被誤認為是「懶惰」或「缺乏自律」，但實際上，若任務本身無法激發內在動機，或學習環境不利於沉浸，大腦便無法自發性進入心流。這也是為何打造能進入「專注區」的學習與工作環境，比一味追求意志力更為重要。

五步驟設計你的「心流專注區」

要培養與注意力和解的能力，不妨從以下五個步驟開始，設計屬於你的心流環境：

(1) 目標明確且可測量：設定當日具體任務，例如「寫完報告第一段」而非「寫報告」。

(2) 任務難度調整：讓任務略高於目前能力一點點，保持挑戰性又不致焦慮。

(3) 排除干擾源：使用飛航模式、安靜空間或耳塞等工具降低感官干擾。

(4) 固定心流時段：每天固定安排 1 ～ 2 小時的高專注時段，形成節奏習慣。

(5) 任務完成後自我獎勵：透過休息、欣賞成果或簡單活動，增強正向回饋。

專注是一種關係，而不是命令

與其要求自己「要專心」，不如試著了解注意力的節奏與心智的流動。專注不是一種單向壓迫，而是一種與大腦合作的關係。

當我們學會順著注意力的流動，創造合適的條件與空間，就能在專注中找到心流，在心流中找到快樂與成就感。那時的你，將不再是努力追趕時間的學習者，而是能與當下深度連結、活在任務中的行動者。

第六節
設定目標不難，難的是調整期待

為什什麼訂了目標，卻越來越焦慮？

「我已經立下計畫，也排好時程表，為什麼還是覺得焦慮和挫敗？」這是不少學生與職場人士在設定學習與成長目標時共同的困惑。表面看來是目標訂得不夠清楚，其實更深層的原因在於——我們無法調整對「成果」的期待。

心理學家亞伯拉罕・馬斯洛（Abraham Maslow）在其需求層次理論中指出，人的高層次需求包括自我實現與成就感，這些常透過目標設定來實踐。然而，當目標與期待產生落差，特別是在自我價值高度依附成果時，反而會導致焦慮、拖延與自我否定。

案例：從 KPI 成癮到重新定義成功

江彥廷（化名）是一家廣告公司的業務經理。每一季，他都會替自己設下比主管還嚴格的 KPI，並用數據衡量自己的存在價值。剛開始他確實因此業績突出，但兩年後卻陷入嚴重的焦慮與失眠。他說：「只要成績沒達標，我就覺得自己毫無價值。」

在接受心理諮商後他才明白，他的痛苦不是來自目標，而是來自「非達不可」的期待。他從小成績優異，習慣透過表現換取認同，導致他無法接受任何可能的落差。在學習設定「彈性期待」後，他逐步把目標從「每月必達業績」轉變為「過程中學到什麼」，壓力也隨之減輕。

這個例子提醒我們，目標設定是工具，而非價值衡量尺；調整期待，是心理健康的關鍵步驟。

期待管理的心理機制與三種錯覺

設定目標之所以帶來壓力，是因為我們常將「目標」視為「應該達到的必然結果」，進而產生以下三種心理錯覺：

- 控制錯覺（Illusion of Control）：誤以為所有進度都可被掌握，忽略環境變數。
- 完美錯覺（Perfection Fallacy）：認為目標必須毫無偏差地完成，否則就是失敗。
- 即時回報錯覺（Instant Gratification Bias）：期望付出後立即看到成果，缺乏延遲滿足的能力。

這些錯覺會讓我們在未達成目標時產生強烈的自責感，甚至放棄原本正向的學習與成長動機。

建立彈性目標的四步驟

以下是建立更健康目標設定與期待管理的實用策略：

(1)拆解目標與期待：目標是行動方向，期待是對結果的心理反應，兩者要區分看待。

(2)設定區間式成果：以範圍而非絕對值設定成就感門檻，例如「完成80%即算達標」。

(3)回顧過程而非僅看結果：定期書寫學習日誌，記錄學到的技能與突破點。

(4)設立「心理預備金」：允許自己有調整空間，設立「若未達成也不會自責」的心理備案。

調整期待，是與自己重修舊好的開始

學習如何設定目標，是一種時間管理能力；學會調整期待，則是一種心理照顧的成熟象徵。

當我們不再把自己綁在「結果論」上，就能在每一次嘗試中看見價值、在每一段過程中感受成長。設定目標不難，真正困難的，是在面對變化與不確定時，依然能保有對自己的溫柔與理解。

期待不該是枷鎖，而是我們前進的引力。

第七節
數位焦慮與學習失落感的心理修補

知識爆炸時代的反諷：越能學，卻越學不下去

在智慧型手機、筆電、平板與高速網路普及的今日，我們幾乎可以隨時隨地查詢到任一知識領域的資源。無論是YouTube上的免費教學影片、Coursera或EdX的高等線上課程、電子書平臺的豐富內容，甚至社群網站中各種知識貼文與討論串，現代人學習的門檻似乎降到歷史最低點。然而，許多人卻同時陷入一種矛盾現象：資訊取得愈容易，學習的欲望卻愈薄弱，持續力與吸收效率也逐漸下降，最終轉化為一種深沉的學習焦慮。

心理學界將這種現象分別命名為「數位焦慮」（digital anxiety）與「學習失落感」（learning loss）。這兩種狀態並非單純的學習懶散，而是科技環境激發下的心理超載與意義迷失所造成的認知疲乏與情緒抗拒，是當代學習者必須共同面對的深層困境。

案例：線上課程成癮的學習倦怠

郭子寧（化名）是 25 歲青年，自大學畢業後即投入自我學習。他認為自己的大學訓練不足，為了補強能力，他報名了十餘門線上課程，包括資料分析、心理學、簡報設計與 AI 程式編碼等。他起初熱情滿滿，每天自訂進度，將自己規劃為「24 小時自主型學習者」。

然而，數月過後，他發現完成率不到 30%，許多課程只看了前兩章，便因進度落後而無法再提起動力。他開始出現學習拖延、焦躁易怒，甚至在開始學習前就產生胸悶與呼吸不順等生理不適。在一次前往身心科門診後，醫師建議他接受心理諮商。

在專業心理師協助下，他才明白，這不是能力問題，也不是懶惰，而是因為資訊過載、無明確目標與缺乏內在動機所導致的認知與情緒疲憊。他嘗試改變學習策略，採用「一學一用」原則，把學習主題與生活、工作實際需求結合，每週只鎖定一項主題深入學習，並透過寫筆記與教別人來鞏固知識。數月後，他不僅找回學習熱情，身心狀態也恢復穩定。

數位焦慮的心理成因與身心影響

數位焦慮與學習失落感並非新興名詞，早在 2000 年代初期，科技與教育心理學界便已開始觀察這些現象的演變。

心理學家琳達．史東（Linda Stone）提出「持續性部分注意」（continuous partial attention），指現代人在多工環境下，長時間保持一種低度專注的狀態，總在切換視窗、檢查訊息與消化碎片知識。這樣的注意力模式會長期啟動腦內壓力系統，釋放皮質醇，干擾睡眠、消化與情緒穩定，久而久之便成為焦慮、注意力失調與學習倦怠的溫床。

此外，學習失落感常與下列三種心理效應共存：

- 資訊無力感：面對龐大資訊源無法有效分類與運用，進而產生失控與焦慮情緒。
- 比較焦慮：在社群平臺上看到同儕「爆速進度」，引發自我懷疑與價值焦慮。
- 學習幻覺效應：大量閱讀或觀看影片卻未內化應用，誤以為「我已學會」，實際無法操作或表達。

這些心理機制會讓學習者對學習本身產生疏離與抵抗，進一步導致拖延、放棄與自我批判的惡性循環。

從知識焦慮到學習復原：轉換心態的五個方向

在數位干擾與認知壓力日益加劇的環境中，學習者若想維持穩定且有意義的學習狀態，必須從「量」轉向「質」，從「強度」轉向「節奏」，培養有意識且有溫度的學習節律。以下是五項心理與策略層面的調整方向：

(1) 限量學習：一次聚焦一至兩個主題，設定週期性目標，如「本週完成一個實用技能」。

(2) 明確化用途與動機：學習前先問自己：「這個知識會用在哪裡？對我現在有什麼幫助？」

(3) 建立輸出回饋迴路：透過寫文章、教朋友、開讀書會等方式將所學轉為可見成果。

(4) 設計非數位休息儀式：如步行、手寫日記、園藝、料理等，讓大腦切換模式並恢復彈性。

(5) 定期資訊斷捨離：取消無意義的電子報、推播通知與社群訂閱，為認知空間騰出餘裕。

在碎片化時代，重新整合你的學習信念

過往的學習常以教材、學校、教師為核心，有明確起點與結束，但數位時代的學習更趨向開放、自我導向與跨界整合。在這樣的學習型態中，學習者若沒有自我調節能力，極易迷失於資訊叢林之中。

因此，現代學習不僅是知識的吸收，更是節奏的選擇、意義的篩選與動機的重組。我們需要的是：

- 自我節奏感 —— 認識自己一天內的高效時段與情緒波動；
- 自我篩選力 —— 懂得選擇少量高價值資訊，而非盲目囤積；
- 自我照顧能力 —— 在學習過程中照顧身體與情緒，建立「學習與身心平衡」的新典範。

學習不該是焦慮的賽跑，也不該是無止境的資訊追逐戰，而是一場回歸自我、整合經驗、探索興趣的長途旅行。當我們放下「學不夠快、學不夠多」的自責思維，轉而問自己「我真心想學的是什麼？現在最需要的又是什麼？」便能重新找回與知識之間那份單純、深刻且持久的連結。

真正的學習，並不只是累積內容，更是培養內在秩序與自我節奏的過程。在資訊喧囂的時代中，唯有那些懂得與自己節奏對話的人，才能走得深、走得遠，也走得安心。

第四章
表面正常，內心崩潰：社交壓力與人際焦慮

第一節　「你長這樣就輸了？」——以貌取人的認知偏誤

社交評價的第一秒鐘，就足以定生死？

你是否曾有這樣的經驗：第一次見面時，對方還未開口，你心裡就已經為他貼上標籤？「他看起來不太友善」、「她應該很驕傲」、「這個人一看就靠不住」。我們以為這些是直覺判斷，但其實背後藏著一種心理學上深具影響力的偏誤——以貌取人的認知偏誤（facial bias）。

臉部是人際互動中的第一訊號，心理學家亞歷山大·托多洛夫（Alexander Todorov）在普林斯頓大學所進行的研究指出，人類平均只需 0.1 秒就能依據臉部特徵做出可信度判斷，而這種快速評價會長期影響我們對對方的信任、合作意願，甚至招聘與投票行為。

也就是說，在你還沒說一句話之前，對方可能已經根據你的外貌特徵做出是否接納你的決定。

案例：一張「沒表情的臉」，讓她失去了晉升機會

林奕彤（化名）是一間外商公司的行銷專員，工作表現優異，卻在年度晉升審查中落選。主管在私下評語中寫道：「她總是一臉冷漠，看不出熱情。」然而，她其實只是習慣性面無表情，並無冷漠之意。這段經驗讓她產生嚴重的職場焦慮與自我懷疑，甚至懷疑是否該改變臉部表情與打扮方式，才能「看起來更有熱忱」。

她的故事，揭露了一個職場常見現象：我們常將「面容管理」視為專業的一部分，甚至超越了工作能力本身。

認知捷徑與社會框架：誰才是「好人臉」？

以貌取人的認知偏誤背後，有兩個重要的心理基礎。第一是「認知捷徑」（cognitive shortcut），即在時間與資訊不足的情況下，我們會依賴外貌等表面特徵快速做出決策；第二是「社會制約」（social conditioning），也就是我們從小所內化的審美與評價標準。

舉例來說，圓臉與大眼常被視為「友善」的特徵，方臉與濃眉則容易被連結到「有主見」或「強勢」，這些印象雖有文化差異，但其影響力卻是潛意識等級的強大。心理學家萊斯利．扎布斯（Leslie Zebrowitz）在其研究中指出，人類天生會

傾向信任「寶寶臉」（babyface），即五官較柔和、比例類似嬰兒的面孔，因其與「無害」、「可愛」產生聯想。

然而，這樣的審美偏好也可能帶來歧視與誤判，尤其是在職場與人際互動中，對不符合主流標準的個體造成隱性排除。

從社交焦慮到外貌自我懷疑：心理效應的連鎖反應

當我們發現自己被「以貌取人」時，會產生的情緒往往不是憤怒，而是羞愧與焦慮。這樣的情緒會進一步內化為「我是不是長得不好？」、「我是不是不夠討喜？」等負面自我對話，導致社交焦慮（social anxiety）與自我形象失調（body image distortion）。

根據 2022 年的一項研究顯示，臺灣年輕族群中有超過 58%的人曾因外貌被評價而產生社交退縮行為，並影響自信程度與人際互動意願。

這些現象不僅影響個人情緒，也對社會整體產生「美貌資本」的再製機制，使得職場升遷、社交資源與愛情關係都出現「面貌篩選」的傾向。

怎麼與這種偏誤共處？五個內外兼顧的策略

與其一味抗拒這種偏誤，我們更需要學會辨識其存在、理解其根源，並調整自己的應對方式。以下是五項可行策略：

(1) 覺察偏誤：提醒自己「第一印象不等於真實」，練習延後評價，給對方更多了解的空間。

(2) 強化非語言表達：透過微笑、點頭與眼神接觸等行為提升親和力，減少外貌誤解的機會。

(3) 聚焦能力與表現：在職場或人際場合中強化語言內容與行為一致性，用行動建立他人印象。

(4) 情緒調節訓練：練習正念、深呼吸與自我肯定語句，降低被外貌評價後的情緒反應強度。

(5) 建立多元審美觀：主動接觸不同文化與外貌特徵的朋友，拓展對「好人臉」的理解與包容力。

不被外表定義，也不以外表定義他人

以貌取人的認知偏誤是一種古老卻仍活躍的心理現象。它提醒我們：外貌雖然不可選擇，但對他人的看法卻可以改變；他人怎麼看我們或許難以控制，但我們怎麼看待自己，始終可以調整。

與其急著去「符合標準」，不如練習「看穿標準」。當我們開始用多一點好奇、少一點評價去看待彼此，也就為人際關係打開了新的可能性 —— 讓真正的連結，穿越外表，抵達心理。

第二節　真實的我值不值得被喜歡？——自我揭露與安全感

為什麼我們對親密關係既渴望又害怕？

在社交互動中，有一種特別矛盾的經驗是：越想讓人靠近自己，卻越怕暴露真實的內在。你或許也曾有過類似的時刻：明明很想交朋友或建立關係，但當對方靠近時，你卻選擇退縮，擔心「他們如果知道真正的我，還會喜歡我嗎？」這種內在的拉扯，是心理學中稱為「自我揭露困境」的核心。

自我揭露（self-disclosure）是指個體在互動中主動分享內在經驗、情感或個人資訊，是建立親密與信任的關鍵歷程。但揭露的前提是「心理安全感」，也就是在分享脆弱的自己時，不會被否定、批評或排斥。當一個人缺乏這種安全感，就會產生自我封閉、過度防衛與社交退縮。

案例：從自我偽裝到勇敢示弱的蛻變

劉思齊（化名），是一名 27 歲企劃專員，工作中總是展現高效率與理性形象，給同事「什麼都不怕」、「很有自信」的印象。實際上，她下班後常感到孤單、對自己能力存疑，卻從不向他人透露內心真實感受。

直到一次與老同事聊天時，對方無意間分享了自己過去焦慮症的經歷，劉思齊才鼓起勇氣說出：「其實我也有這些感覺。」那場對話不僅讓她感到前所未有的釋放，也讓她發現，原來自己不必總是偽裝堅強，脆弱也可以是連結的開始。

她開始嘗試在朋友面前分享自己的低潮與掙扎，意外收穫了更多真誠的互動，也不再覺得自己「不值得被理解」。

自我揭露的理論基礎：社交滾雪球效應

社會心理學家艾爾文·奧特曼（Irwin Altman）與達爾馬斯·泰勒（Dalmas Taylor）提出的社會滲透理論（Social Penetration Theory）指出，人際關係的發展就像是剝洋蔥一樣，從表層話題逐漸深入核心自我。

這一過程可分為幾個層次：

- 外在資訊（如職業、興趣）
- 個人經驗（如家庭、成長背景）
- 情感與信念（如價值觀、情緒狀態）
- 核心自我（如自我懷疑、創傷經歷）

每一次的自我揭露都是一種冒險，也是一種信任的表現。若對方給予理解與回應，就會促使關係更深一步，形成「社交滾雪球效應」：你願意說一點，我就敢說多一點，彼此關係也逐漸建立在真實之上。

然而，若揭露經驗帶來的是評價或否定，個體便會迅速退縮，甚至形成「社交創傷記憶」，讓下一次的分享變得更加困難。

安全感的建立：從他人回應到自我接納

自我揭露是否成功，並不完全取決於對方的反應，更關鍵的是我們對自己的看法。如果內在已預設「我說了會被討厭」、「我這樣太麻煩」，那麼即使對方回應友善，我們也可能曲解為「他只是禮貌，不是真的懂我」。

心理學家卡爾·羅傑斯（Carl Rogers）強調「無條件正向關懷」（unconditional positive regard）對心理健康的重要性。當我們學會以這樣的態度對待自己 —— 接納自己的情緒、困難與不完美，就能逐步建立內在安全感，並提高真誠互動的可能性。

這也是為什麼「自我揭露」不只是社交技巧，更是一種內在功課。

五個培養安全感與真誠連結的練習

（1）分階段分享：從輕鬆話題開始，逐漸嘗試深入內容，測試對方的回應與信任程度。

(2) 練習回應他人揭露：給予真誠回應、避免評價，用「我也有過類似感受」增加互動品質。

(3) 辨識安全與不安全的互動對象：並非每個人都適合傾訴，練習分辨何時、對誰、說多少。

(4) 正念書寫與自我對話：透過日記或自由書寫探索內在感受，累積對自我的理解與信任。

(5) 建立正向回饋紀錄：記錄每一次被理解的經驗，強化「我可以被接納」的信念。

被喜歡，不需要先完美

當我們問「真實的我值不值得被喜歡？」的時候，真正想知道的，其實是「我能不能不再假裝，還有人願意留下？」

這是一個關於勇氣與信任的命題。當我們開始不再壓抑情緒、不再逞強、不再把心鎖緊，世界才有機會看見那個更完整的自己。

你不必先成為最好的人，才配得上被喜歡。你只需要真誠地做自己，並願意走出那一步，就足以改變你的人際關係，甚至重新定義你的孤單。

第三節　我們真的有「頻率」這回事嗎？——共鳴心理學

「和某些人說話特別舒服」的心理學解釋

你是否有過這樣的經驗：和某些人即使才剛認識，卻能自然地聊得很開心；而與另一些人即便認識已久，對話卻總感覺彆扭、表面，甚至難以維持互動？我們常說「我們頻率不合」，這句話聽起來像是一種神祕的能量或直覺，但其實，它背後蘊含了心理學上對人際互動品質的重要研究線索——這就是共鳴心理學。

共鳴 (resonance)，在此不只是聲音的回應，更是一種心理層次上的同步感。當我們與一個人「頻率合」，實際上是彼此在情感、語言節奏、價值觀與注意力焦點上達到高度協調，這種經驗不只讓人感覺舒服，也能促進人際信任與深度連結。

案例：一次座談會上的心流對談

林柏諺 (化名) 是一位碩士生，在一次大專論壇座談中與另一位來自不同背景的同學搭檔進行即席對談。兩人從議題切入到生活經驗分享，竟一連講了近一小時毫無冷場，結束後聽眾與主持人紛紛表示「你們好像認識很久」，但他們其實那天才初次見面。

林柏諺說：「那種感覺就像彼此能預測對方下一句話會說什麼，好像我們的節奏自然對上了。」這種人際同步經驗，就是心理學中所說的「互動共鳴」（interactional resonance），它不需刻意打造，而是在安全、真誠、開放的情境中自然發生。

共鳴心理的三大元素：語調、節奏與鏡像神經元

心理學研究指出，人際共鳴的產生涉及以下三個關鍵機制：

- 語調與語速同步：當雙方說話節奏、語調高低趨近一致時，會提升對話的流暢與情感連結。
- 非語言行為鏡像：如微笑、點頭、身體傾斜角度等，若彼此出現同步，代表心理上進入協調狀態。
- 鏡像神經元系統：這是一種大腦中負責模擬與移情的神經機制，當我們看到對方動作或情緒，大腦會自動模擬對方狀態，進而產生「我懂你」的體驗。

這些生理與心理的交互作用構成一種看不見的「頻率感」，讓我們在與某些人互動時產生自然的和諧，而與另一些人則出現情感斷裂或不適。

為什麼有些人總讓我們「沒感覺」？

相反地，當我們覺得與某些人「頻率對不上」，往往不只是話題不對，而是：

- 對方對我們情緒無回應（emotional unresponsiveness）
- 對話節奏不一致，常被打斷或無法延伸
- 缺乏眼神交流與真誠關注
- 難以觸及共同關心或價值認同的議題

這些情境讓大腦的移情機制難以啟動，進而造成心理上的疏離感與互動挫折。

根據 2023 年的統計調查指出，約 64%的受訪者表示「能自在表達自我的人際關係少於三位」，顯示高品質共鳴型人際關係在現代社會仍屬稀缺資源，也反映出人際孤單的心理現象日益嚴重。

你可以創造頻率，而不只是等待「對的人」

雖然共鳴有其自然成分，但並非完全不可培養。與其等待命運安排與誰「頻率相合」，我們更可以透過以下方式主動創造共鳴機會：

◈ 練習「專注聽」：真正聽懂對方的意思，而非只是等待回應的機會，建立情感接收器。

◈ 使用開放式提問：避免是非題與單向資訊交換，讓對話有延伸空間與情感深度。

◈ 回應對方的感受而非行為：如「我聽到你很努力」比「你做得很好」更具情感穿透力。

◈ 調整對話節奏與語調：嘗試與對方語速同步，創造心理同步的節奏基礎。

◈ 創造共同經驗：一起完成一件事、一場活動或一次深入對話，有助於激發互動共鳴。

真正的頻率，是彼此願意調頻

所謂「頻率合」，不是神祕能量的對頻，而是兩個人都願意在關係中調整、傾聽與靠近的過程。

你不必等待那個天生跟你「磁場一致」的人出現，只要你願意用真誠、關懷與同理心去靠近他人，你也可以創造出屬於自己的「頻率關係」。在這個充滿社交疲憊的時代，真正能讓我們感到不孤單的，是那份「我懂你，也願意讓你懂我」的心理共振。

第四節
情緒感染：你不是無緣無故不開心

一個人不開心，可以影響整個空間？

你是否曾有這樣的感受：走進一個房間，氣氛突然凝重，即使沒人說話，你也莫名感到不舒服？或者與朋友聚餐，原本心情很好，卻因對方講話的語氣與表情變得低落，自己也開始變得沉悶？這些都不是巧合，而是一種潛藏於社交互動中的心理現象——情緒感染（emotional contagion）。

情緒感染是指情緒在個體之間無聲地傳播，透過表情、語氣、肢體語言與生理反應影響他人情緒。這種影響常在無意識中發生，是人類在社會互動中建立同理與歸屬感的基礎機制。

案例：一場專案會議的氣氛翻轉

蔡佩如（化名）是某科技公司的產品經理，某天早上進入會議室時，團隊成員大多面無表情、氣氛沉悶。她原以為是自己太敏感，直到簡報中出現一處小錯誤，主管當場嚴厲指責，團隊氣氛瞬間緊繃。原本活潑的設計師沉默，另一位工程師則開始自責，會議氣氛愈發低迷。

她回憶：「那天整個辦公室像被一股無形的壓力罩住，沒人說話，但大家都不自在。」她後來才理解，原來負面情緒會像病毒一樣擴散，而自己並非「無緣無故心情差」。

鏡像神經元與集體情緒的運作機制

情緒感染的神經機制與共鳴心理學密切相關，鏡像神經元（mirror neurons）讓我們在看到他人情緒反應時，腦中會產生對應情緒反射。當團體中一人表現出焦慮、憤怒或沮喪，其他人便會下意識模仿其表情與語氣，最終產生「同步情緒狀態」。

這種現象在親密關係與團隊互動中尤為明顯。根據 2020 年的一個實驗觀察，處於負面情緒中的個體，更容易使團體整體心情下降，反之亦然。這也是為何團體氣氛管理（emotional climate）被視為領導者不可忽視的心理能力。

正向情緒也會感染：情緒領導力的實踐關鍵

情緒感染不只發生在負面情緒，也同樣存在於正向互動中。一個人的微笑、輕鬆的語氣、鼓勵的眼神，都可能點燃整個場域的活力。情緒心理學家芭芭拉·佛瑞德里克森（Barbara Fredrickson）提出「擴展與建構理論」（Broaden-and-Build Theory），指出正向情緒能擴展個體的認知彈性與社交資源，使人更具創造力與復原力。

這表示，若能有意識地創造正向情緒節點，就能引導整體氣氛朝向支持、開放與信任，反之，若任由負面情緒蔓延，將造成沉默、猜疑與效率低落的系統效應。

日常中覺察與管理情緒感染的五種做法

(1) 辨識情緒來源：當情緒波動時，先自問「這是我的情緒，還是被他人影響？」

(2) 建立情緒邊界：學會區分「理解對方」與「代為承擔」，避免情緒過度同化。

(3) 使用情緒轉換語言：如「我聽懂你的挫折，也許我們可以試試不同角度」來降低情緒壓力。

(4) 主動創造正向氣氛：適時開玩笑、給予肯定與讚美，在團體中種下正面情緒種子。

(5) 自我調節儀式：透過音樂、運動、寫作等方式釋放情緒，維持心理彈性。

你不是孤立的情緒容器，而是情緒生態系的一部分

在社交場域中，我們不是獨立的情緒持有者，而是一個互相回應、牽動彼此的情緒網絡。當我們能夠理解情緒感染

的運作，不僅能減少「我是不是太敏感」的自我懷疑，也能在關係中扮演更穩定、溫暖的角色。

你感受到的壓力、沮喪或喜悅，也許來自旁人無意間釋放的訊號。而你釋放的語氣、表情與態度，也可能成為他人心情的重要調節器。

學會照顧情緒，就是學會照顧我們與他人的關係。

第五節　為什麼不幫忙？——旁觀者效應的內在衝突

當你看見需要幫助的人，卻選擇不行動

你是否曾在捷運上看到有人跌倒，卻遲遲沒有上前攙扶？或在街頭目睹口角衝突，卻只是站在遠處觀望？這種「想幫但又不敢幫」的掙扎，不是因為你冷漠，而是心理學中廣為研究的現象——旁觀者效應（bystander effect）。

旁觀者效應指的是當事件發生時，在場的人數越多，個體介入行動的可能性反而越低。這種現象源於一種責任分散（diffusion of responsibility）的心理傾向，會讓人誤以為「別人應該會做些什麼」，從而使自己退居旁觀者的位置。

案例：一場車禍旁的沉默人群

一位年長騎士在市區路口與汽車擦撞倒地，現場人潮不少，包含下班中的上班族、計程車司機與學生，但最初的三分鐘內，沒有人靠近協助，只有人停下腳步觀看。直到一位外籍旅客上前詢問傷者狀況並撥打 119 後，才有人陸續加入幫忙圍警示圈與疏導交通。

事後有目擊者表示：「不是不想幫忙，是當下真的不知道自己該不該做什麼，也覺得這麼多人在場應該會有人做吧。」這段描述正說明了旁觀者效應的核心機制：當責任被分散時，行動意願就會降低，情緒壓力卻悄悄升高。

心理機制：從責任分散到群體沉默

社會心理學家約翰・達利（John Darley）與畢布・拉塔內（Bibb Latané）於 1968 年的經典實驗中證實了旁觀者效應的存在。他們發現，當個體處於群體中時，會因以下三個心理機制抑制行動：

- 責任分散：認為其他人也在場，自己不必承擔主要責任；
- 社會比較：觀察他人未行動而得出「不需要行動」的錯誤判斷；
- 行為定型化：害怕自己行動會被誤解、評價，因而傾向選擇沉默。

這三種心理過程會快速在幾秒內完成，使我們「合理化」自己的袖手旁觀。然而，事後情緒卻可能產生強烈的內在衝突，包含罪惡感、自責與行為懊悔。

文化因素與社會期待的雙重拉扯

在亞洲社會中，集體主義文化使得個體在公共情境下更傾向「觀望他人反應」，以避免破壞秩序或「出風頭」。這種壓力在臺灣亦有明顯表現：人們擔心「管太多」、「好心被雷親」，導致即使內心有幫忙的意圖，行動卻受到壓抑。

然而，這並不代表我們無感，而是我們被夾在「想幫忙」與「怕惹事」的雙重社會訊號之間，產生心理上的牴觸與自我矛盾。

內在衝突與心理修復：為何我們會愈想幫卻愈不動？

這種內在衝突其實是一種高層次的情緒認知歷程。心理學家里昂・費斯汀格（Leon Festinger）提出「認知失調理論」（cognitive dissonance），指出當個體的行為與價值觀產生不一致時，會產生不適感，進而啟動補償行為或心理合理化。

例如，一位旁觀者可能事後會說：「我當時以為已經有人報警了」，這不是藉口，而是為了降低認知上的不協調。但若這種補償失靈，個體就會陷入長期的愧疚與自責，甚至影響未來的社會參與意願。

從旁觀到介入：五個實際心理行動建議

(1) 自我授權：提醒自己「我有能力也有權利行動」，即使只是打電話或詢問是否需要幫忙。

(2) 指定式呼籲：若你需要他人幫助，不妨明確指出對象（如「穿白色衣服的先生，請幫我報警」），避免責任分散。

(3) 小步介入：不需一開始就做大動作，先觀察、靠近、提出簡單協助（如「我陪你等救護車」）即可。

(4) 培養社會責任感：參與志工、急救課程等社會參與經驗，有助於提升自我效能與行動習慣。

(5) 事後自我調整：若曾錯過幫助他人的機會，不需自責，而是從經驗中整理感受並轉化為下一次的行動力。

幫忙，不是英雄行為，
而是人與人之間的連結回應

在公共場域中出手幫忙，從來不是因為誰特別勇敢，而是因為有人選擇不再等待別人的第一步。當我們明白旁觀者效應背後的心理結構，就能理解那份遲疑與掙扎不是冷漠，而是人性。

但唯有在人性裡加入一點勇氣與覺察，我們才能成為「從觀望者轉變為參與者」的那一個人。而這樣的選擇，不僅幫助了他人，也讓我們找回與社會連結的力量。

第六節　與人相處總是用力過猛：社交過勞的自我照顧

為什麼人際互動讓我這麼累？

你是否曾有過這樣的經驗：明明只是參加一場聚會，回家卻感到筋疲力盡？或是在與人聊天時，不斷思考要說什麼、怎麼說、對方是否有好印象？這些現象，正是心理學中所謂的「社交過勞」（social fatigue）或「社交倦怠」（social burnout）。

社交過勞並不意味著你不擅長人際互動，而是在過度迎合、過度關心、過度察言觀色中，逐漸耗盡心理能量。這種現象在具有高敏感特質、習慣扮演照顧者角色，或在人際關係中高度自我要求者身上尤其常見。

案例：完美人設下的枯竭感

鄭羽恩（化名）是一名社工師，日常工作充滿關懷與傾聽，然而下班後，她常感到身心俱疲。朋友邀約她總是答應，怕對方失望；聊天時總是維持「正能量形象」，連自己的情緒都無暇顧及。她說：「我很怕別人覺得我冷漠、不夠貼心，所以我常強撐笑容，但回家卻會一個人哭。」

她在一次心理諮商中才發現，自己並非不喜歡人群，而是一直在過度「角色扮演」，讓自我無處安放。透過學習設定人際界線與練習自我揭露，她逐漸建立「關係中的喘息權」，在人際互動中不再用力過猛，也找回與人相處的自在感。

社交過勞的心理結構與三大成因

社交過勞之所以會發生，往往與三種心理傾向有關：

- 過度自我監控：時時評估自己在人際關係中的表現，產生內在緊張與情緒消耗。
- 討好型人格：習慣壓抑自己的需求，以滿足他人期待來換取認可。
- 情緒勞動過度：在互動中經常表現非真實情緒，例如職場上被迫展現熱情或親切，久而久之造成心理耗損。

這些心理狀態不只影響情緒，也可能出現身體疲勞、睡眠失調、免疫力下降等生理反應，甚至演變為逃避社交或封閉自我的模式。

調整與修復：五種自我照顧的實踐方式

若你發現自己正處於社交過勞狀態，不妨嘗試以下五種心理修復與生活調整策略：

- 設定人際界線：學習說「不」，不需為每次邀約負責；給自己選擇距離的自由，是關係健康的重要保障。
- 覺察內在疲憊訊號：當出現煩躁、過度沉默、情緒不穩時，停止社交輸出，優先處理自己的心理需求。
- 建立「無需表現」的關係空間：與親近的朋友協議「無壓聚會」，彼此允許安靜、不說話或只是共處。
- 安排「自我恢復日」：每週固定一天排除社交活動，進行獨處、閱讀、寫作或自然接觸等能量恢復活動。
- 進行情緒去角質：定期透過正念書寫、藝術創作或與心理師對談，釋放人際累積的情緒殘渣。

人際關係不是績效競賽，而是情感流動

在講求社交能力與人脈拓展的社會中，我們常不自覺將人際互動內化為「表現場域」，誤以為必須持續提供價值、展現趣味或維持正能量才能「值得被喜歡」。但實際上，真正有意義的關係從來不是建築在「表現」上，而是在情感流動中的真誠與允許。

你可以選擇在某些日子沉默、疲憊、甚至不想笑，而依然被理解與接納。當我們不再強求自己「表現得像個好相處的人」，而是允許自己成為一個「真實的人」，就能讓人際關係回到一種健康的互動頻率。

社交不該是消耗，而應該是交換與充電。照顧自己，是讓你持續與世界連結的最好方式。

第七節
從社交恐懼，到擁抱脆弱的連結力

害怕與人互動，真的只是因為內向嗎？

你是否在面對陌生人時會心跳加快、說話卡住、甚至找藉口逃避社交場合？或是在聚會上擔心自己講錯話、冷場或被誤解？這些感受，並非只是性格內向的表現，而是心理學所稱的「社交焦慮」（social anxiety）。

社交焦慮是一種對人際互動過度擔憂的心理狀態，常伴隨自我批評、過度警覺與逃避傾向。根據 2023 年一份心理健康調查，有高達 32.5%的受訪者表示在公共場合或群體互動中感到強烈不適，顯示這不是少數人的困擾，而是廣泛存在於現代社會中的普遍現象。

但若我們能看見這份焦慮的核心，會發現它不只是害怕被看見，而是害怕「被真實地看見」—— 也就是我們的脆弱、笨拙、不完美一面，是否仍值得被接納與理解。

案例：從社交逃避到勇敢出聲的轉變

朱家容（化名）是 25 歲平面設計師，進入設計公司後，因同事間經常要討論與即席提案，她逐漸發現自己在眾人面前發言會緊張到語無倫次。為避免出錯，她總是推說「沒準備好」，甚至開始選擇錯開與同事共餐的時間。

某次與主管進行一對一回饋時，她忍不住哭了，說出自己長期在人前的恐懼與自我懷疑。出乎她意料的是，主管沒有責備，反而說：「我剛入行時也是這樣，我們可以一起練習。」這個回應讓她第一次在職場中感受到「脆弱也可以被支持」。她開始主動參加公司內部簡報訓練，並在每次練習中試著多講一句話、多說一點真實感受。半年後，她不但能自在分享想法，也與團隊建立起更深的連結，甚至獲得年度「團隊合作精神獎」。

這段歷程證明：通往連結的橋梁，常常不是完美表現，而是願意展現真實的勇氣。

脆弱並非軟弱，而是情感的起點

美國心理學家布芮妮．布朗（Brené Brown）在其研究中指出，脆弱（vulnerability）是建立信任、創造連結與展現勇氣的基礎。她強調：「脆弱不是失敗的證據，而是真誠的開端。」我們對脆弱的恐懼，來自過去的受傷經驗與社會對「堅強」的過度期待。

在東亞文化中，特別重視面子、形象與集體認同，這也讓許多人從小被教導「情緒不要表現出來」，導致對於「坦承自己不安或不足」充滿羞愧感。久而久之，我們對於建立親密關係感到陌生，對於展現內心感受充滿戒心。

然而，當我們封閉脆弱的同時，也關上了接受理解、建立親密與被愛的可能性。真正的心理韌性，不是將情緒隱藏，而是學會在恐懼中，仍選擇說出：「我現在有點不安，但我願意嘗試。」那是一種內在的堅強，不喧嘩、不張揚，卻能溫柔地建立信任橋梁。

社交恐懼的三種心理迷思

1. 高估他人注意力

以為他人會密切觀察自身的一舉一動，實則大多數人注意的是他們自己。你所謂的「丟臉」，對方可能根本沒注意到。

2. 災難性預測

過度假設最壞情境，如「我會被笑」、「他們會討厭我」，強化逃避傾向，使得每一次互動都像在走鋼索。

3. 情緒等同事實

因緊張而覺得「我就是不夠好」，將情緒誤當為評價依據。其實，那只是你在乎與用心的證明，不是能力的失敗。

這些認知偏誤會讓我們陷入「越想表現好，越無法放鬆」的惡性循環，進而阻斷真誠互動的可能。我們需要做的，不是壓抑這些感受，而是練習辨識與轉化它們。

從恐懼到連結的實踐練習

1. 小步行動

從與熟人小群聚會開始，每次多分享一點感受，逐漸拓展社交舒適圈。你可以從「我今天有點緊張」開始，而不是強顏歡笑。

2. 正念接納

觀察焦慮來臨時的身體反應（如心跳、冒汗），以「我正在緊張，這是自然的」取代自我批判。正念練習能讓我們意識到，情緒是流動的，不是永恆。

3. 角色重建練習

以自己最自在的角色（如「我是好聽眾」、「我擅長提問」）進入互動，不強求表現，而是參與。給自己在互動中「有用但不必完美」的位置。

4. 情緒揭露筆記

記錄每次互動中的感受與學習，累積被接納的經驗，重建自信基底。即使一小步也是證明「我做到了」的重要證據。

5. 尋找共感他者

參加支持性社群或小型工作坊，與他人分享社交焦慮，共同練習安全互動。你會發現，你並不孤單，很多人也正在經歷類似的心理挑戰。

6.. 設定脆弱的界線

不是所有人都值得你掏心掏肺。練習在安全的環境中展露情感，是對自己與關係的雙重保護。

擁抱脆弱，是成為自己的第一步

從社交恐懼走向連結力，不是去克服脆弱，而是選擇不再否定它的價值。當我們允許自己「不完美地存在」，也才有可能真正被看見、被理解，並與他人建立有溫度的連結。

在人際場域中，最真摯的力量從來不來自表現，而來自那份說出「我怕，但我願意」的勇氣。你不需要裝得多自在，只需給自己一次機會，讓真實的你走進關係中，那份連結就會如實而至。

心理學家蘇珊．大衛（Susan David）曾說：「情緒的靈活性，是健康與幸福的核心能力。」學會允許情緒、理解脆弱，並選擇在恐懼中仍然前行，是我們建立深刻人際連結的真正力量。

第五章
為何我們總是買了不該買的東西？

第一節
免費的代價比你想的更高

免費，其實從來都不是真的免費

「免費」這兩個字，對多數人來說有著不可抗拒的吸引力。不論是商場贈品、App 下載、試吃活動，還是網路上的免費試用方案，只要看見「FREE」或「限時免費」，我們的大腦幾乎會瞬間被點燃興奮與好奇。但這背後，其實潛藏著消費心理學上最古老也最有效的操控策略之一。

行為經濟學家丹·艾瑞利（Dan Ariely）在其著作《誰說人是理性的！》中指出，人類面對「免費」選項時，會產生不合邏輯的行為偏誤。我們會高估免費物品的價值、低估其風險與後果，甚至在明知某項產品不需要、品質較差或未必合用的情況下，也仍然願意為了「免費」而做出消費行為。這種傾向，反映出我們對「損失」的本能恐懼。

案例：免費耳機換來的個資流失

黃湘芸（化名）是一名大三學生，某次在校園市集上參加一場「填問卷送藍牙耳機」的活動。填完問卷後，她順利獲得看似精緻的藍牙耳機，並在社群上分享這場意外驚喜。

沒想到數日後，她的手機開始接到大量陌生來電、簡訊與推播廣告，甚至連 email 信箱都出現不明帳單提醒。原來她所填的問卷內容包含姓名、電話、生日、學校、信箱與社群帳號等個資，已在未授權下被轉賣給行銷公司。

她事後反省說：「那耳機其實用了不到三次，反而造成我幾週無法安心生活，完全得不償失。」

這個例子突顯了一個重點：所謂「免費」，往往是用我們沒察覺的方式交換來的 —— 可能是個資、注意力，甚至時間與隱私。

心理機制：為何我們對免費無法抵抗？

免費帶來的心理效應，主要來自「零價格效應」(zero price effect)。根據行為經濟學研究，當一個選項變為免費時，即使其他選項在價格與品質上更合理，消費者也往往會不理性地選擇「免費」選項。這是因為：

- 損失規避：我們天生害怕「失去」，免費讓人感覺沒有風險，心理負擔最低；
- 認知懶惰：免費選項讓我們少思考一步，避免比較與決策壓力；
- 立即回饋：免費提供立刻的心理獎賞，讓大腦迅速釋放多巴胺產生愉悅感。

但這些心理反應，卻可能讓我們在無形中掉入「消費錯置」的陷阱。以為省了錢，實際卻花了更多。

商家如何利用「免費」操控我們？

在行銷策略中，「免費」從來不是贈與，而是誘導。常見的操控手法包括：

- 試用品引導升級方案：例如雲端儲存服務前 30 天免費，但超過容量即須付費。
- 搭售機制：買一送一實為抬高原價後稀釋單價，讓人誤以為賺到。
- 注意力換廣告：免費 App 以用戶觀看廣告作為交易條件，進一步收集偏好行為。
- 個資換試用：申請試用品時填寫個資，其後轉售或作為精準行銷資料庫使用。

這些看似無償的交換，其實都建立在「你提供某種價值」的基礎上，只是我們當下常常沒有意識到。

面對免費的五項心理自保策略

(1) 反問：「這是用什麼換來的？」在每次接受免費時先想清楚自己是否提供了時間、個資或注意力。

(2) 不因免費多要不必要的東西：拿不需要的試用品或填冗長問卷，只會增加心智負擔。

(3) 停留三秒鐘再做選擇：給自己一個「中斷衝動」的緩衝期，重啟理性思考。

(4) 比較長期代價：如免費 App 的廣告干擾、耗電量是否值得？省下的錢有沒有花在時間或隱私上？

(5) 相信「沒有免費的午餐」：建立基本經濟與心理素養，對「免費」的吸引保持警覺。

不被免費牽著走，是現代人的心理覺醒

我們當然可以享受試吃小品、使用體驗版工具、領取限時活動，但前提是 —— 我們知道自己在做什麼、交換了什麼。

在這個資訊與行銷手段發達的社會，免費往往只是精緻包裝過的交換。若我們想成為更有意識的消費者，就必須從面對「免費」的那一刻起，重拾心理主導權。

因為真正的自由，不是拿到不花錢的東西，而是能夠清楚選擇要不要接受這場心理交易的權利。

第二節
搶購是安全感的替代品

當我們為了「不錯過」而陷入搶購慌張

「限量」、「倒數」、「最後一天特價」—— 這些字眼就像心理上的緊急鈴聲，一出現就令人心跳加快、手指發癢，彷彿不買就會失去什麼重要的東西。於是，我們加入排隊、狂刷網頁、湧入百貨週年慶人潮，為了搶一個「現在不買就沒了」的名額。這樣的搶購行為，看似關於商品，但實際上更關乎心理 —— 搶購，往往是我們在追尋某種安全感的過程。

心理學家亞伯拉罕．馬斯洛（Abraham Maslow）在其需求層次理論中指出，人在滿足生理需求後，下一層需求便是「安全感」。現代人不再為糧食與生存安全所困，卻在資訊焦慮與選擇過載中，產生了另一種心理匱乏 ——「我如果不搶，就輸了」。這種「輸不起」的感覺，是搶購欲望最強大的燃料。

案例：衛生紙之亂背後的焦慮蔓延

2020 年初，新冠肺炎疫情爆發初期，臺灣多間超市與量販店出現「衛生紙之亂」，民眾因網路謠言誤信原料將短缺，紛紛搶購衛生紙、口罩與乾糧。根據媒體報導，一位家庭主婦表示：「其實家裡還有兩大包，但看到大家都在搶，心裡會怕，擔心之後真的買不到，所以我也跟著買了三大袋。」

這不只是對物資的恐慌，更是一種「我不想比別人少」的心理機制啟動。搶購，成了我們面對未知時的行動象徵，即使知道不理性，仍止不住想擁有「我還掌握得住」的安慰。

稀缺心理效應與掌控錯覺

行為經濟學家羅伯特·席爾迪尼（Robert Cialdini）在《影響力》中提到，「稀缺原則」（scarcity principle）是推動消費者行動的關鍵策略之一。當一個東西被標示為「稀少」、「限量」或「即將售罄」，即使我們原本不特別想要，也會因其可能消失而感到焦慮。

這種焦慮來自於「掌控錯覺」（illusion of control）。我們以為購買某物能給我們帶來控制感與未來保障，但其實只是短暫撫平內心的不確定與不安全感。

研究指出，人們在面對社會不穩定、經濟下行、或個人關係失衡等狀況時，更容易出現搶購、囤貨或衝動購物的行為。這些行為的實質意義不在於物品本身，而是情緒上的慰藉與心理上的重建。

社群與比較的火上加油效應

現代搶購行為的另一個催化劑是社群媒體。當我們在Instagram或Facebook上看到朋友晒出「剛搶到」、「限量入手」的貼文，會誘發「錯失恐懼症」(Fear of Missing Out, FOMO)。這種恐懼讓我們不甘於落後、不敢不參與，即使原本並沒有那項物品的需求。

FOMO讓搶購不再只是一種個人選擇，而成為一種集體心理現象。它不只影響我們的消費行為，也進一步侵蝕我們對生活節奏與內在節律的掌控能力。

五種辨識與對抗搶購心理的練習

(1)問：「我真的需要嗎？」將每次搶購欲望拉回現實檢視，區分「想要」與「需要」。

(2)觀察觸發情境：是因為焦慮？孤單？還是被朋友影響？搞清楚背後驅力，有助於阻斷衝動。

(3)設定冷卻期：將搶購決策延後24小時，多數衝動會隨時間冷卻。

(4)記錄搶購後的感受：搶到的滿足有多持久？還是產生後悔與浪費？誠實記錄有助自我覺察。

(5)轉向更深層的安全感來源：練習透過運動、冥想、連結關係等方式建立穩定感，而非依賴物質。

不搶購，不代表錯過，
而是選擇相信自己已足夠

我們的社會鼓吹稀缺與速度，卻少教我們慢下來、覺察內在需求的聲音。搶購行為往往只是短暫撫慰，無法真正填補我們內心的焦慮與空缺。

當你能在搶購洪流中按下暫停鍵、對自己說：「我不需要急著證明什麼，我已經足夠了」，那就是一種新的心理自由。

真正的安全感，不在於擁有多少，而在於相信自己不會因為不擁有，就失去價值。

第三節
「我就進來看看」的消費陷阱

當你說「只是看看」，你其實已經開始消費了

「我只是順路進來看看而已」，這句話聽起來像是輕鬆無害的開場白，但實際上，這句話常常是整場消費的起點。無論是百貨公司、便利商店還是電商平臺，「看看」往往不只是瀏覽，而是一場由視覺、情境與心理機制共同觸發的精密設計。

行為經濟學指出，人類的消費決策極易受環境、情緒與即時刺激影響。當我們進入一個商品陳列完善、氣氛愉悅的空間時，大腦的決策中樞便會開始受到各種潛意識訊號影響。也就是說，「看看」其實早已打開了消費模式的大門，而我們往往毫無察覺。

案例：夜市的「順路」敗家記

張睿婷（化名）是一名上班族，有天下班後與朋友到夜市閒逛。她原本沒有打算買東西，只是想走走放鬆，結果最後卻提著三袋衣服、一對耳環與兩樣小家電回家，連自己都笑說：「我根本沒需要那些東西。」

這不是她第一次這樣「順路購物」，但她從未意識到「只是看看」其實是一種消費預備狀態。在輕鬆與放鬆的情境下，大腦的理性控制力下降，取而代之的是被視覺刺激與社交情境牽動的購物衝動。

錨定效應與行為預設：你以為你在控制，其實是被引導

心理學家阿摩司．特沃斯基（Amos Tversky）與丹尼爾．康納曼（Daniel Kahneman）提出的「錨定效應」（anchoring effect）解釋了我們為何容易被「看看」引導入購買決策。當我們在門口看到某件商品標價 199 元，我們的大腦會自動將這個價格當作基準點，接下來看到 299 元的商品時，會不自覺認為它「好像也不貴」。

而在實體商場與線上平臺，商家更會設計一連串的行為預設，如動線設計、限時閃購頁面、推薦算法等，讓我們從滑動螢幕、點擊圖片到放入購物車，全程幾乎是自動進行。這種流暢的流程降低了我們思考的機會，也讓「看看」自然轉化為「買了」。

消費焦慮與愧疚的心理循環

有趣的是，許多在「看看」之後進行的消費，事後常伴隨愧疚或後悔。這是因為我們當初並沒有預期要花錢，因此購

買行為未與內在價值對齊，導致心理失衡。

心理學家里昂．費斯汀格（Leon Festinger）的「認知失調理論」（cognitive dissonance theory）指出，當行為與信念不一致時，會引發心理不適。我們說好「不買」，卻買了，為了減少這種不協調感，便可能進一步合理化購買：「它打折了啊」、「反正以後會用到」，甚至重複消費來分散愧疚感。

這正是「看看購物」最危險的地方——它不只是衝動，更可能讓我們進入一種連續性失控消費的心理循環。

五種覺察「看看陷阱」的實用策略

（1）進場前設定目的：無論實體或線上購物，先列出明確目標與預算，降低非必要購買的機率。

（2）建立「退出機制」：當想買東西時，先在心裡默數 10 秒，並問自己「這是我需要的嗎？」

（3）追蹤消費紀錄：每月檢視有多少花費來自「原本沒打算買」的項目，強化自我覺察。

（4）限制滑手機的環境條件：不要在情緒低落、深夜或疲憊時進行瀏覽購物平臺，這些時刻自我控制力最弱。

（5）練習「無購買的參與」：逛街但不帶錢包、加入購物車卻不結帳，讓自己重新學會「瀏覽不等於購買」的界線。

看清自己不是為了不買，而是為了自由地選擇

消費並不是錯，購物本身也可以帶來樂趣與滿足感，但若每一次「看看」都變成「不知不覺花錢」，那我們就再也無法自由選擇。

重新看見那些誘導機制、心理偏誤與環境操控，不是要你變成冷血的理性主義者，而是讓你在面對消費時，擁有更多心理的清明與選擇權。

當你下次說出「我就進來看看」時，或許能帶著一點覺察與幽默對自己說：「那也很好，但我有選擇是否要繼續走下去。」那一刻，你的消費行為就不再是被牽著走的結果，而是你意識清醒下的選擇。

第四節　為什麼99元比100元好賣？心理價格的騙局

一塊錢的差異，如何左右我們的大腦？

你是否曾經在超商貨架前，對著標價 99 元與 100 元的商品，毫不猶豫地選擇了前者？甚至即使商品實際價值相等，99 元總讓人感覺「比較划算」？這種微妙卻影響深遠的消費選擇，其實背後有著一整套心理學與行為經濟學的理論基礎——它被稱為「魅力定價」(charm pricing) 或「心理定價」(psychological pricing)。

魅力定價是將價格設定在接近整數、但略低於整數的位置(如 99 元、199 元、999 元等)，目的就是讓消費者在視覺與認知上感受到「便宜一點」，進而刺激購買欲望。這種定價策略，幾乎可以說是全球零售與電商產業的「萬用武器」。

案例：早餐店的「銅板差」效應

某家連鎖早餐店推出新款蛋餅，標價原本為 50 元，但銷售平平。業者決定調整為 49 元，結果隔週銷量明顯提升，甚至出現排隊情況。老闆回憶：「就差一塊，客人卻說『感覺更實惠』，還有客人直接說『49 元就不用考慮』。」

事後分析發現，這項調整觸動了消費者「心理價格閾值」，也就是我們的大腦在判斷價格時並非精密計算，而是以「數字區間」進行分類與感受。例如 99 元會被歸類在「90 元級距」，而不是「100 元級距」，因此被認為是較便宜的選擇。

認知偏誤如何強化魅力定價效應？

行為經濟學家丹尼爾．康納曼（Daniel Kahneman）與阿摩司．特沃斯基（Amos Tversky）在其研究中指出，人類的判斷往往受「可得性捷思法」（heuristic bias）影響。我們習慣以簡化規則來快速做決策，而非進行完整計算。

在價格判斷上，魅力定價會觸發三種典型的認知偏誤：

- 左數字效應（left-digit effect）：我們會將價格的第一位數作為主判準，99 元與 100 元在認知上會落在不同區間。
- 整數抵抗效應（whole number aversion）：我們潛意識裡認為整數「沒有彈性」、「不好談價」，因此偏好非整數價格。
- 相對划算錯覺（relative bargain illusion）：即便只差一元，99 元仍能營造「賺到」的感覺，滿足「購物得利」的心理需求。

這些效應在短時間內迅速運作，讓我們在不知不覺中受價格設計牽動選擇。

消費者的自信其實來自「感覺便宜」

有趣的是，魅力定價讓消費者在不真正省錢的情況下，獲得心理上的「精打細算感」。研究發現，這種「自我覺得會買」的信念，能提高滿意度，甚至在後續消費中減少抱怨機率。

但這樣的心理獎賞也可能讓人高估自己控制力，進而導致「低單價高頻率」的積少成多消費。例如購買十件標價 99 元的商品，實際上總價接近 1,000 元，卻仍讓人覺得「都是小錢，沒花多少」。這是所謂「微額錯覺」所造成的消費膨脹效應。

五個跳脫價格陷阱的理性提醒

(1) 看總價而非單價：購物時不只看一件價格，而是計算自己要花多少總額。

(2) 記錄「感覺便宜」的真實花費：將每次 99 元以下的小額消費記下來，你會發現它們累積後金額驚人。

(3) 用絕對數字思考：將價格換算成時間、餐費、交通費等單位，衡量實際價值。

(4) 觀察「整數排除」的策略意圖：是否有意讓你誤判價格層級？是否藉由標價讓你自動放棄比價？

(5) 自我提醒：「那只是一塊錢的幻覺」：用語言拆解價格情緒，幫助理性回歸。

定價是一種心理語言，選擇是回應它的自由

我們無法避免被 99 元標價吸引，因為那是一種人類天生的判斷模式。但我們可以學會在吸引之後，停下來多問一句：「我真的需要它嗎？還是只是因為它『好像』比較划算？」

當你能辨識這種心理價格操作的語言，也就能更自在地在消費世界中做選擇。不被價格操縱，不代表你不買，而是你知道「你為什麼要買」。這正是我們身為消費者最重要的心理自由。

第五節
買彩券不只是貪心，而是希望

每一張彩券，都是一種希望的下注

你是否也曾走進彩券行，拿著銅板買下幾張刮刮樂或威力彩，心裡不期然想著：「搞不好這次會中獎也說不定」？即使理性上知道中獎機率極低，為什麼我們還是願意花錢參與這場幾乎不可能贏的遊戲？答案不在數學機率，而在心理層面——我們買的，不只是財富的可能，而是一種希望的出口。

案例：中秋節的刮刮樂儀式

每逢中秋節前夕，彩券行總是大排長龍。林慶昌（化名）是一位 45 歲的計程車司機，過去五年每年中秋都會固定買 10 張刮刮樂，「不是因為真的想中大獎，而是覺得那個過程很有節日感，還有一點期待感。」他說，有一年中了 5,000 元，那種感覺像是「這一年運氣還不錯」，對他來說，那比中獎更有價值。

林先生的行為並非個案，而是反映出彩券對於多數人而言，不是賭博，而是一種情緒安慰與心理象徵。我們買的，是那個「也許我會被幸運選中」的可能性，而非單純的金錢回報。

心理機制：從控制感到未來幻想

心理學家保羅・斯洛維克（Paul Slovic）指出，面對不確定結果的選擇時，人的大腦會傾向放大「可能性」而非「機率」。也就是說，我們更容易被「有機會變有錢」這個想像吸引，而不是面對「幾百萬分之一的中獎機率」這種冷冰冰的數字。

此外，彩券提供了短暫的「控制感幻想」（illusion of control），當我們挑選號碼、選擇哪一張刮刮樂，內心會覺得「這次可能不一樣」，這是一種心理補償的表現。對於工作壓力大、經濟焦慮者來說，彩券是一種平衡無力感的出口。

研究也指出，當個人處於壓力高峰、生活不確定感強烈時，更容易產生「幻想型購買行為」。這類購買看似衝動，其實是情緒的調節機制。

彩券不是金錢遊戲，而是情感敘事

買彩券的動機，常常藏著個人對命運、人生翻轉與希望的投射。一位單親媽媽表示：「我知道中獎機率很低，但有時真的覺得每天都在撐，如果那張彩券可以給我一個希望，也不錯。」

她的話說明了一個事實：我們活在一個對未來感到焦慮的年代，彩券就像是一種便宜、隨手可得的「未來幻想」，哪怕只是短暫的也好。對某些人來說，這甚至是一種維持生活動能的方式。

從希望投射到財務自覺：五項心理練習

(1) 區分「希望」與「行動」：彩券提供情緒釋放，但真正的改變來自具體計畫與執行。

(2) 設定「彩券上限金額」：例如每月不超過 200 元，將希望視為一種娛樂，而非投資。

(3) 練習「希望備份」：將買彩券的錢同時存入另一筆小額儲蓄，建立「現實希望」儲備。

(4) 描寫你的「中獎幻想」：寫下如果中獎後想做的事，探索背後真正渴望的是自由？安全？還是愛？

(5) 把希望感轉移至日常實踐：用期待彩券中獎的熱情，轉為學習新技能、建立人脈、存下第一桶金。

真正的希望，是你每天願意投資的生活態度

彩券不能真的改變命運，但可以提醒我們——我們渴望改變命運。這份渴望本身就有價值。

當你下次走進彩券行，也許可以這樣對自己說：「我不是在買一個夢，而是在提醒自己，我還有希望。」而這份希望，

若能延續到你做的每一個選擇、每一次堅持，那它就不再只是隨機的中獎機會，而是你親手投注的未來。

買彩券本身無對錯，關鍵在於：你能否辨認，真正想中的是錢，還是那份仍相信奇蹟的心？

第六節
名牌焦慮與「你買的不是包，是認同」

買名牌，不只是買東西，而是在買一種「我是誰」

當你拿起一個精品手提包、穿上一件印有 Logo 的運動服、點開最新潮的科技產品時，你的消費決策可能並不是單純出於「需要」，而是來自一個更深層的心理動力：認同感。心理學家稱之為「身分消費」（identity-based consumption）——人們透過擁有特定品牌來表達自己、定位社會地位，甚至獲取群體的接納。

這也是為什麼名牌商品長期受到市場青睞，即使價格遠高於實際價值，人們仍願意為其「溢價」：因為買的不是商品本身，而是商品所象徵的身分地位、自我價值與社會認同。

案例：年輕上班族的「小香包壓力」

陳芷芸（化名）是某科技公司的行政助理，月薪不到四萬元，卻在 25 歲生日那年分期購入一個要價十多萬元的香奈兒包包。她坦言：「其實是因為看到辦公室的同事輪流換新包，自己拿平價包會覺得沒面子，好像不夠格。」她還提到，買完後雖然一度感到滿足，但後續面對卡費壓力與自我懷疑，「那不是快樂，而是焦慮的開始。」

這類現象在都會女性消費者中越來越常見，許多人並不是因為實際使用需求，而是為了符合某種群體期待與自我認同，進而產生所謂的「名牌焦慮」：即不擁有特定品牌就感到不安、無法與他人平起平坐的心理狀態。

品牌的象徵力量：我們買的是故事與地位

社會心理學家赫伯特・凱勒（Herbert Keller）指出，品牌不只是辨識工具，更是「意義的容器」，它傳遞價值觀、社會訊息與身分象徵。當我們選擇特定品牌時，實際是在向世界傳遞：「我屬於這個階層」、「我也是某種人」。

這也是名牌之所以能用高價維持市場地位的原因——它們不只是賣東西，而是賣故事、賣文化、賣成為某種人的可能。

這種現象也說明了「消費即是敘事」（narrative consumption）：我們透過消費來編織個人的社會劇本。當這些劇本過度依賴外部品牌認同，就會出現心理依賴與焦慮。

名牌焦慮的三個心理成因

(1) 社會比較壓力：在同儕或職場中，透過外表與擁有物品進行「誰更好」的無聲競爭。

(2) 自我價值不穩：內在自信不足時，透過外在標誌來「撐起身分感」，彌補認同缺口。

(3) 文化期待強化：媒體與社群不斷放送「有品味的人應該這樣穿、這樣買」，使人潛移默化地建立購買標準。

這些心理機制讓我們在購買高價品牌後，獲得短暫的肯定感，但也可能陷入長期的焦慮循環：下一個新款推出、朋友有更高級的版本、價值依賴他人認同而非自我感受。

五項幫助你脫離名牌焦慮的心理練習

(1) 建立內在價值地圖：列出讓你有成就感、尊嚴感的非物質來源，例如人際關係、專業技能、創意表現。

(2) 覺察購買背後的情緒需求：問自己「我為什麼想買這個？」是因為需要？還是因為覺得不買就不夠好？

(3) 設定品牌預算上限：給自己一筆「有計畫的奢侈」，但不讓它影響其他生活支出與心情負擔。

(4) 練習欣賞不擁有的東西：觀察並欣賞美好的品牌設計與精神，但不需以「買下來」來證明自我。

(5)轉向創造性自我表達：透過穿搭、創作、溝通等方式建立個人風格，讓自我價值不再依賴品牌背書。

你不是因為品牌才有價值，是因為你選擇了什麼成為自己

品牌可以是一種風格、一種趣味，甚至一種文化，但它不該是衡量你價值的唯一方式。當我們開始辨識內在價值與外在標誌的區別，就能從焦慮中抽身，重拾選擇權。

不為了證明身分而消費，而是因為認識自己、欣賞自己，才做出真正屬於自己的選擇。

那一天，你會發現，無論手上拿的是精品包還是帆布袋，你的風格與魅力，從來都不取決於包包上的 Logo，而是你自己。

第七節
理性消費的心理練習

理性，不是冷血，而是有選擇的自由

在促銷話術鋪天蓋地、即時滿足唾手可得的時代，「理性消費」經常被曲解為苛刻節儉、不近人情，甚至被視為與快樂生活背道而馳。但其實，理性消費並不是拒絕欲望或否定享樂，而是一種能看清楚自己真正需求、辨識消費情境與情緒動機的能力。這樣的能力，不是壓抑，而是一種心理自由的展現。

心理學家華特·米歇爾（Walter Mischel）所提出的「棉花糖實驗」不僅揭示了延遲滿足（delayed gratification）對兒童未來成功與心理健康的強大預測力，也延伸出了在消費決策上的重大意涵：若一個人能暫時忍住購買的衝動，便有機會重新評估這筆消費是否真正有意義，是否值得，是否對自己長期目標有所助益。

而這樣的反思空間，在如今「一鍵下單」與「限時秒殺」的環境裡，變得更為稀缺與珍貴。

案例：從月光族到有感存錢的轉變

黃士庭（化名）是一名 28 歲的業務員，剛出社會幾年，便陷入「月光族」的日常。薪水入帳後總是三天內被花掉大半，大多數開銷並非來自基本生活，而是來自外送平臺、網購清單與逛街戰利品。直到有一次，他因信用卡繳不出來，導致信用受損，才開始反思：「我到底為什麼總是覺得錢不夠？」

他開始進行記帳，發現大部分不必要的支出其實都與情緒相關 —— 加班壓力後的甜點、社交焦慮時購買名牌配件、與戀人吵架後的購物補償。這些消費行為，是他在無意識中對自己「撫慰」的方式。後來他養成一個習慣，每次想買東西時，先拿出紙筆寫下三件事：「我現在感覺如何？這筆錢能滿足什麼？有沒有其他方式回應這個情緒？」

兩年內，他不僅清償卡債，還存下人生第一桶金，也逐漸能在消費中感受到選擇的自主與平靜感。他說：「理性消費不是剝奪，而是學會用對方式對待自己。」

消費心理的五個理性錯覺

1. 沉沒成本迷思

例如已經付費報名了不喜歡的課程，為了「不浪費」時間與金錢而勉強自己繼續，卻忽略了這將耗費更多情緒與資源。

2. 選擇疲勞（decision fatigue）

當人處於選擇過多、資訊過載的狀態時，決策品質會大幅下降，更容易選錯、亂買，甚至用購物作為逃避。

3. 即時獎賞偏好

面對長期規劃時，如儲蓄、投資或退休準備，人類更容易選擇眼前的快樂。這種短期偏好造成了行為與價值的錯配。

4. 預算彈性錯覺

一旦口袋稍有餘裕，便放鬆警覺，例如因為多了一筆獎金就覺得「可以好好犒賞一下自己」，結果不但花光還倒貼。

5. 替代正當性效應

像是因為剛健身完或早起上班，便覺得有資格犒賞自己，忽略這些「獎勵」可能其實是額外開支。

這些理性錯覺若未被覺察，將持續削弱我們的財務穩定與情緒健康，讓消費行為愈來愈脫離真正的生活價值。

日常中可實踐的七個理性消費練習

(1)記帳日誌：金額＋情緒追蹤：不只記錄金額，更加入當下的情緒與購買動機，長期下來能辨認出哪些消費是情緒性的、哪些是必要的。

(2) 設定「緩衝時間」原則：所有超過一定金額（如 3,000 元）以上的消費需延後 48 ～ 72 小時進行。大多數衝動會在這段時間冷卻。

(3) 消費分類法則：建立個人化的分類系統，例如必要支出、投資支出、愉悅支出、社會壓力型支出，並每月進行一次檢視調整比例。

(4) 無消費日／週練習：挑選一天或一週不進行任何非必要花費，重新感受「不買」所帶來的心理輕盈。

(5) 價值導向帳戶設計：開設多個帳戶（如旅行基金、進修基金、夢想計畫），將消費與價值目標結合，讓花錢成為一種自我肯定。

(6) 金錢冥想與視覺化：每日花五分鐘想像你理想的財務狀態與生活樣貌，並觀察自己當下的財務與目標差距，養成內在動機導向的消費意識。

(7) 建立「問句儀式」：每次刷卡或下單前，問自己：「這是對我的投資，還是只是逃避？這筆錢的價值，能持續多久？」

理性消費，是一種與自己建立誠實關係的方式

當我們將消費視為一種回應 —— 對需求的回應、對壓力的回應、對渴望的回應，就會明白：每一筆錢的流向，都是

一則心理故事。你買一杯手搖飲，可能是為了口渴，也可能是為了孤單時的一點陪伴；你買一次機票，也許是為了休息，也可能是對自我價值的重新確認。

理性消費不要求我們變成嚴苛的禁欲者，而是在欲望與目標之間找到一種和諧的節奏。一旦你開始用覺察與溫柔面對消費，就會發現：省下來的不只是錢，更是一顆清明、穩定且有方向的心。

這樣的你，即使買的少了，也會比過去更富足。因為你知道：你才是決定價值的人。

第六章
愛了、傷了、放不下：
愛情中的心理效應

第一節
為何初戀最痛，也最難忘？

初戀的記憶，為何深植人心？

初戀總是讓人又愛又痛，不論結果如何，它往往成為心中最鮮明、最不可抹去的記憶。心理學家指出，這不只是因為「第一次」的特殊性，更因為初戀發生在人生重要的心理發展階段，牽動了大腦、情緒與自我認同的深層變化。

根據神經心理學的研究，大腦在青春期會大量分泌多巴胺與催產素，這些與情感、快樂和依戀相關的神經傳導物質，讓我們在初戀時體驗到強烈的悸動與情感連結。而這段時期的大腦尚未完全成熟，處理情緒與風險的能力也較弱，因此初戀往往比其他感情來得更激烈、更全然投入。

案例：18 歲那年，她說不再愛了

周子翔（化名）在 18 歲那年與高中同班同學交往，兩人曾一起考試、一起翹課、分享彼此的家庭故事與人生夢想。他形容那段感情像「活在電影裡」，充滿理想化與渴望。分手發生在畢業前夕，對方說：「我覺得我們的未來已經不一樣了。」

這場分手讓他陷入半年以上的低潮。他說：「那時候每天早上醒來，心臟都會先痛一下。」即使後來再交新女友，心裡總還是會想起初戀。「不是說她比較好，而是那種感覺再也沒出現過。」

這段故事反映出初戀之所以深刻，並非因為對方多完美，而是那段感情正好伴隨著一種「第一次對愛的全然相信」。

初戀的二種心理效應

1. 高峰終結法則（peak-end rule）

心理學家丹尼爾．康納曼（Daniel Kahneman）指出，人們對經驗的記憶，常集中於情感最強烈的高峰與結尾。初戀通常包含了生命中最初也最強烈的愛情體驗，並且多以遺憾收場，因而格外難以淡忘。

2. 自我形成效應

心理學家艾瑞克．艾瑞克森（Erik Erikson）在其發展階段理論中指出，青少年時期的核心任務是建立自我認同。初戀的出現，正好成為「我是誰」的鏡子，讓我們透過與他人建立親密連結來理解自己。

3. 神經可塑性高峰

青春期是大腦神經網絡快速改變的時期，任何強烈情緒經驗都會深刻烙印在記憶系統。初戀因其強度與新鮮感，使這段記憶特別容易被大腦強化與保留。

為什麼那麼痛？因為我們失去了未來的投射

初戀之所以令人心碎，不僅是因為失去了當下的對象，更是因為我們失去了曾經幻想的未來。在初戀中，我們往往將整個未來建立在「我們」的基礎上，而分手則摧毀了這個未來。這種「未完成感」與「被剝奪感」，往往是痛苦的來源。

心理學家伊蓮．哈特菲爾德（Elaine Hatfield）指出，愛情帶來的不是單一情緒，而是一種情緒綜合體，包含了快樂、焦慮、渴望、失落與希望。初戀時期由於缺乏戀愛經驗，我們無法預測與處理這些複雜情緒，因此容易被痛苦淹沒，甚至產生「我是不是不值得被愛」的錯覺。

如何讓初戀不再只是傷痕？

1. 理解記憶的選擇性

我們往往會美化過去的戀情，遺忘其中的不適。覺察這一點，有助於我們與記憶保持距離。

2. 書寫經驗，重構意義

將初戀經歷寫下來，不是為了懷舊，而是透過敘事重新賦予這段情感生命意義。

3. 把愛的能力帶進未來

初戀雖已結束，但你曾經付出的情感與學會的包容、理解、信任，都能成為日後關係的養分。

4. 用行動療癒失落

參與新活動、學習新技能或建立新的社群連結，有助於將心理能量從過去轉移到當下。

初戀，是我們愛過的證明，而非愛的終點

初戀之所以痛，是因為我們全心投入；之所以難忘，是因為我們第一次相信愛可以如此深。這不該成為心裡永遠的傷口，而是愛情教育裡最深刻的一課。

當我們不再只是懷念初戀，而是學會從中提煉出理解自己、理解他人的智慧，那麼初戀就不再只是遺憾，而是一份持續存在於心中、但能夠轉化成力量的禮物。

第二節
肢體接觸與情緒連結的奧祕

為什麼一個擁抱，可以讓我們瞬間安心？

在人際關係中，語言雖然重要，但許多情緒的傳遞與連結，實際上是透過「非語言」形式完成的。而在所有非語言行為中，肢體接觸是最直接、最本能、也最能穿越理性防線的溝通方式。從戀人之間的牽手、擁抱、依偎，到朋友間的拍拍肩膀，甚至是家人之間的一次溫柔碰觸，這些看似平凡的動作，其實都是深具心理與生理影響的連結行為。

根據神經科學研究，當人類發生肢體接觸時，大腦會釋放大量的催產素（oxytocin），也被稱為「親密激素」或「連結荷爾蒙」，它能促進信任感、降低壓力與焦慮，並強化親密關係的情感基礎。

案例：從一場地震後的擁抱開始

2016 年高雄美濃地震後，住在臺南的李孟潔（化名）在災後回家時，與平常不太擅長表達情感的父親有了一次意想不到的擁抱。她回憶：「那是我第一次主動抱他，他也緊緊回抱我。我突然覺得，很多說不出口的話，都在那個擁抱裡了。」

她說，那之後兩人的關係好像多了一點柔軟，不再只是責任與沉默，而是多了可以彼此理解的安全感。這段經歷不只是情感釋放，更說明了肢體接觸如何在關係中成為一種情緒的「翻譯器」。

皮膚是通往情緒的神經高速公路

從心理生理角度看，皮膚是我們最大的感官器官，也是連結外界與情緒系統的重要介面。當皮膚接收到來自他人的溫暖觸感時，會立即透過神經傳遞至大腦的杏仁核與下視丘，進一步影響情緒調節區域。

根據美國心理學家蒂芬妮·菲爾德（Tiffany Field）的研究，溫和的觸摸能有效降低皮質醇（壓力荷爾蒙）濃度，並提升多巴胺與血清素的分泌，使人感到快樂與穩定。

這也解釋了為什麼肢體接觸能在人際關係中創造安全感、信任感與情緒同步。尤其在戀愛關係中，牽手、擁抱與接吻等行為，不只是親密的象徵，更是情感維繫的關鍵儀式。

愛情中的觸感記憶：不只是欲望，而是依附

許多戀人在分手後最難忘懷的，往往不是對方的長相或話語，而是某種身體接觸的記憶——一起走路時手掌的溫度、擁抱時的重量、躺在對方肩膀時的安定感。

這是因為肢體接觸不只是外在行為，它會進入「身體記憶」系統中，被儲存為情緒經驗的一部分。根據依附理論的觀點，觸覺是人類發展安全依附的重要媒介，從嬰兒時期開始，正是透過被抱著、撫觸、親吻等行為，建立對世界的信任與自我價值感。

因此，在成人關係中，我們透過肢體接觸「再體驗」那種被接住、被看見的感覺。它不是單純的親密，而是一種來自內在深處的情緒調節系統。

如何建立情感更深的觸感連結？

(1) 回應對方的觸覺偏好：有人喜歡擁抱，有人偏好牽手，了解彼此的觸感偏好，是尊重也是連結的開始。

(2) 在關鍵時刻給出支持觸感：例如道別、鼓勵或情緒低落時給予擁抱、拍拍肩膀等，能迅速傳達「我在你身邊」。

(3) 日常中的溫柔接觸儀式：每天擁抱 30 秒、睡前牽手聊天、出門時擁抱或親吻，建立穩定的身體連結儀式，有助於提升情感安全感。

(4) 與自我建立觸感連結：透過自我按摩、瑜伽、伸展等方式與自己身體建立關係，也能增進情緒調節能力。

肢體接觸，是最真誠的情緒語言

在這個文字氾濫、視覺轟炸的時代，肢體接觸所帶來的情感效應反而顯得更珍貴。它不需要修辭，不靠技巧，卻能在一瞬間傳遞「你是被理解、被接住的」。

當我們懂得在愛裡加入觸感，也就給了彼此一種不需言語的安全與理解。而那份連結，正是愛情最安定也最動人的奧祕。

第三節
依附型人格與安全感交易

愛情裡，我們其實都在尋找安全感

在親密關係中，無論我們表現得多麼理性獨立或情緒穩定，內心深處始終隱藏著一種渴望——「我能不能放心地愛你，也確信你不會離開我？」這種對穩定與可預測性的需求，心理學上稱為「安全感」，而這背後的心理根源，正是依附理論所揭示的依附型人格。

由心理學家約翰·鮑比（John Bowlby）與瑪麗·愛因斯沃斯（Mary Ainsworth）提出的依附理論（Attachment Theory）指出，人類從嬰兒時期就透過與主要照顧者的互動，建立起對他人是否值得信任、關係是否可依賴的基本認知。這些早期經驗形塑了我們面對親密關係的情感模式，也就是所謂的「依附型人格」。

四種依附風格與愛情中的表現

1. 安全型依附（secure attachment）

能自在親密，也能獨立，對伴侶有信任與開放的溝通。

2. 焦慮型依附（anxious attachment）

強烈渴望親密，但常感不安、害怕被拋棄，容易黏人或情緒反覆。

3. 逃避型依附（avoidant attachment）

害怕親密，強調獨立，常在關係中保持距離，難以表達情感需求。

4. 混亂型依附（disorganized attachment）

同時渴望與害怕親密，常有矛盾行為，來源多為童年創傷或情感忽視。

這些依附風格並非絕對不變，但會在親密關係中不斷重現，影響我們如何愛人、信任與處理衝突。

案例：愛得太用力，卻總覺得不被愛

劉郁庭（化名）是會計師，三段感情中總有類似的情節重複發生：她愛得很深，對方卻逐漸冷淡。她總是不安，會不斷傳訊息確認對方的心意，一旦對方晚回一小時訊息，她便陷入焦慮。「我知道我很煩，但我控制不了自己，我只是想確定他還愛我。」

後來在諮商中她被診斷為「焦慮型依附」，她的強烈需求來自童年時母親情緒忽冷忽熱，讓她習慣用討好、付出來換取穩定。她說：「原來我一直以為的愛，其實是我在交易安全感。」

這個案例顯示，依附風格不只是心理標籤，而是我們如何用愛換取穩定、如何在不確定中安頓自己的方式。

愛情中的安全感交易：我們用什麼換什麼？

在依附型人格的運作下，許多關係中的情緒困擾，其實源自一種無形的「安全感交換行為」：

- 焦慮型依附者，常用情緒表現、訊息頻率、討好行為換取回應與肯定；
- 逃避型依附者，則用距離、冷靜與自我控制換取心理安全邊界；
- 安全型依附者，則較能直接表達需求與調整自己，維持平衡的互動節奏。

這些「交易」若雙方認知不同、需求錯配，便會引發誤解與衝突。例如：一方覺得自己只是想「確定你還愛我」，另一方卻覺得「你根本不信任我」。若沒有意識到背後的依附風格與安全感需求，關係將陷入「越愛越累」的輪迴。

如何在關係中修復不安全依附？

(1) 辨認自己的依附風格：透過閱讀、心理測驗或諮商，了解自己在關係中的反應與需求傾向。

(2) 向伴侶坦白你的情緒模式：以非指責的語氣分享「我在害怕什麼」，而不是「你讓我不安」。

(3) 設立情感界線與安全儀式：如約定每天固定時間溝通、使用固定語言表達關心，建立關係穩定感。

(4) 修復內在依附經驗：透過心理治療、情緒寫作或正念練習，面對童年遺留下來的不安基礎。

(5) 與安全型伴侶建立關係練習：安全型依附者能提供穩定的情緒回應，是轉化不安全依附最好的實踐環境。

理解自己的依附模式，是愛人也是療癒自己的開始

我們在愛裡所尋找的，其實往往是童年遺失的穩定與認可。當我們帶著這樣的歷史進入一段感情，若沒有自覺，就會不斷在關係中重演過去的傷痛劇本。

然而依附風格並非命運的烙印，而是可以透過覺察、練習與關係修復逐步改變的心理習慣。當我們能意識到自己如何「用愛換安全」，也就開始有能力「在安全中愛人」。

這樣的愛，不再只是交換，而是一場真正的連結。

第四節
情場高手如何閱讀你的情緒？

不是讀心術，而是精準的情緒感知力

有些人在戀愛互動中似乎特別懂得「看人臉色」，知道什麼時候說什麼話、何時該退一步、何時適時展現溫柔。這類人往往被稱為「情場高手」，他們與其說是技巧純熟，更精確的說法是——擁有高情緒智商（emotional intelligence），尤其是在「情緒感知」與「情緒調節」上的能力特別出色。

心理學家丹尼爾．高曼（Daniel Goleman）將情緒智商定義為個體在認知、表達與調節情緒方面的綜合能力，其中「辨識他人情緒」與「用對的方式回應」正是親密關係成功的核心要素之一。真正的情場高手，不是操縱他人的感情，而是能用同理與覺察建立安全感與吸引力。

案例：只因他一句「妳是不是累了」

黃品璇（化名）是一名文創工作者，過去幾段戀情常因溝通不良而破局，直到遇見現在的伴侶。她回憶說：「我有次下班很煩，也沒說什麼，他看我臉色不太對，只說了一句：『妳是不是累了？要不要先休息？』那一瞬間，我差點落淚。」

這個細節改變了她對這段關係的信任感：「我覺得我不用一直解釋，甚至不用說出口，他就能接住我。」這種被「讀懂」的感覺，讓她更願意卸下防備、投入情感。這就是情緒敏感度高的對話方式所產生的心理安全效果。

情緒感知力從何而來？

情場高手之所以能讀懂他人情緒，並非天賦異稟，而是具備以下三項心理能力：

1. 察覺非語言訊號

包括語調、臉部表情、肢體語言與語速變化，這些細微訊號透露出對方未說出口的情緒狀態。

2. 情緒鏡像機制（emotional mirroring）

透過神經科學中所謂的「鏡像神經元」，人在潛意識中會模仿對方情緒，進而感受到對方所感，這是同理心的基礎。

3. 主動探索而非解釋

情場高手不急於判斷對方情緒，而是用開放式問題引導，如「你現在還好嗎？」、「我可以做什麼讓你覺得比較輕鬆？」

這些能力需要練習與修煉，而不是僅靠直覺或套路。

為什麼情緒閱讀比甜言蜜語更有吸引力？

在親密關係中，比起華麗的表達，對方能否「聽懂我心裡的話」往往更能打動人。這背後反映的是人類對「被看見」、「被理解」的深層需求。

根據美國心理學家蘇珊．強森（Sue Johnson）的依附理論觀點，人們在關係中最深的渴望，是在脆弱時有人能理解與回應。情緒閱讀正是滿足這項需求的關鍵能力。

當你在難過時被對方看穿情緒、在焦慮時對方願意停下腳步問一句「我能做什麼幫你」，這些行為傳達出的是「我在乎你的情緒，也願意為你調整」。這不只是貼心，而是一種可靠的情感承諾。

情緒閱讀的五個練習方法

(1) 觀察臉部與語氣的變化：與人互動時，練習不只聽語意，也觀察語調、語速與表情轉折，察覺情緒變化線索。

(2) 從「你怎麼了」改問成「你最近過得好嗎？」：避免直接切入情緒診斷，改以開放關懷引導對話，增加對方表達意願。

(3) 描述而非判斷：用「我注意到你今天好像比較安靜」，代替「你是不是又生氣了？」避免情緒歸因造成誤解。

(4) 培養情緒詞彙表：熟悉不同情緒的語言表達（如焦躁、羞愧、無力感），才能更精準說出與辨識情緒。

(5) 建立回應儀式：當對方表達情緒時，不急著解決問題，先說「我懂你這樣會難受」，讓同理先於建議出現。

情緒是愛情的密語，而不是考驗

許多感情破裂不是因為重大事件，而是在長期互動中「沒有被理解」的累積。當一方說：「你都不懂我在想什麼」，說的是他希望有一天能不用說明，對方就能明白自己的情緒訊號。

情場高手真正的吸引力，不在於情話，而在於情緒感知力。他們願意放慢速度，觀察、傾聽、回應，讓愛的訊息不只存在語言裡，更穿越語言，進入心裡。

你也可以練成這樣的能力 —— 那是一種成熟溫柔的魅力，是最穩定的吸引力。

第五節
分手後的崩潰，其實是失去自己

為什麼分手會讓人彷彿崩塌？

在一段關係結束後，許多人會經歷情緒低潮、食慾不振、失眠、甚至質疑自我價值。明明知道對方已不適合，理智也許早已說服自己「結束是對的」，但內心卻仍陷在痛苦的漩渦裡。這樣的痛，不只是「失去一個人」的痛，更可能是「失去自己」的痛。

心理學家羅伊·鮑邁斯特（Roy Baumeister）指出，親密關係不只是情感連結，它還參與了「自我認同」的建構。在戀愛中，我們會不自覺將自我與對方融合，彼此習慣一起生活、一起計劃未來、一起定義「我們是誰」。當關係終止，我們失去的不只是對方，而是那些曾經由兩人共同定義的自我部位。

案例：分手後，她忘記怎麼一個人生活

張曉雯（化名）是一位插畫設計師，與交往五年的男友分手後，她陷入前所未有的空白期。「我不知道週末該去哪裡，連早餐都不知道要吃什麼，以前都是我們一起去那家咖啡店。」她說分手那天，不只是心痛，更像是「失去一部分的我」。

後來在心理諮商中，她才意識到，自己早已將人生的一大部分與對方綁在一起，分手的傷不只是感情斷裂，而是身分混亂與自我迷失。

依附與自我認同的斷裂

依附理論指出，穩定的親密關係會讓人產生「我們感」—— 這是一種基於互賴與情緒支持所形成的共同體自我。當這樣的連結被切斷，個體的心理系統會出現類似失重反應，因為我們失去了熟悉的情緒支撐系統與行為模式。

美國心理學家海倫．費雪（Helen Fisher）以腦部掃描研究發現，剛分手者的腦區會啟動類似藥物成癮斷裂時的反應，說明戀愛關係的結束對大腦來說是一種「戒斷」，因此會產生強烈的思念、痛苦、失控與自我懷疑。

分手後的四大心理反應

（1）否認與混亂：不願相信關係結束，企圖找出補救辦法，甚至會幻想復合情境。

（2）焦慮與自我否定：過度檢討自己、懷疑價值，覺得「是不是我不夠好」才會被拋棄。

（3）情緒崩潰與社交撤退：封閉自己、不想見人，甚至連日常社交與工作表現都明顯下降。

(4) 習慣空洞感與身體記憶：日常生活中的許多場景、行為與物品仍充滿「對方的影子」，讓人陷入懷舊與失落的循環。

這些反應若未經過理解與整合，將可能延宕復原過程，甚至轉化為自我否定或未來關係的恐懼。

如何重建「我」的完整感？

(1) 用書寫重構自我敘事：將關係的開始、過程與結束寫下來，找出自己的努力與學習，而不只是受傷的部分。

(2) 重新設計生活節奏：刻意改變與前任共享的生活習慣，如換一家早餐店、安排新假日活動，讓大腦習慣新的行為軌跡。

(3) 回到自己喜歡的事物：追尋曾被忽略的興趣、嗜好或夢想，重建與自己之間的連結。

(4) 建立獨立的情緒支持網絡：與朋友、家人、心理師建立安全對話空間，補足過去只倚賴單一對象的情緒來源。

(5) 練習「分開不是否定」的語言：不把分手視為失敗，而是一段旅程的結束，是讓你認識自己需求與底線的過程。

分手是關係的終點，但也是自我重建的起點

一段愛情的結束，雖然令人傷痛，但它同時也提醒我們：自我不能建立在他人之上。當我們將「我」與「我們」過度綁定，就容易在關係崩解時一併崩塌。

分手後的崩潰，是心靈對自我重建的強烈召喚。若我們能接住這份痛，用時間與行動慢慢重建自我邊界與價值，那麼這場經歷終將成為我們成長最重要的階梯。

記住，你不是因為被愛才有價值，而是因為你本身就是完整的存在。

第六節
好好說再見：情傷復原的心理地圖

分手不是結束，而是療癒的開始

多數人在面對失戀時，會下意識地選擇逃避，試圖把過去封存、把對方忘記，好像一切都沒發生過。但事實上，越是壓抑，傷口越是難以癒合。心理學研究與臨床經驗反覆證實，真正的情傷修復並非在於「忘記對方」，而是能夠有意識地與那段關係告別，並賦予它一個清楚且穩定的心理位置。這不代表否定愛情曾帶來的美好，而是在時間中學會放下執著，重建與自我的連結。

「好好說再見」，不只是關係終結的儀式，更是我們為過去負責、為自己開啟新生活的起點。透過這樣的歷程，我們不再只是被動承受情緒風暴的人，而是重新主導自我故事的書寫者。我們將愛過的、痛過的、後悔過的、祝福過的種種，整理、安放，然後轉化成日後人生旅途中更加成熟的部分。

案例：一封寄不出的信，讓她學會放手

林心涵（化名）是一名社工師，與交往六年的男友和平分手後，進入了一段近乎封閉的時期。她刪掉了社群上的合

照、封鎖對方聯絡方式、拚命投入工作與志工活動，卻始終無法真正平靜。她形容自己「好像一直在等某個東西消失」，但那個東西從來沒有走。

直到有天晚上，她打開筆電，開始寫一封信給對方。她寫下他們曾經說過的夢想、那些未完成的承諾、還有在爭吵中沒有來得及說出口的歉意與感謝。「我知道我永遠不會寄出去，但我寫完那封信，真的哭得像孩子一樣，然後，我第一次感覺，這段關係真的結束了。」

那封信不是為了對方，而是寫給那個在愛裡用盡全力、也在失去裡迷失自己的自己。她說，寫完信後，心裡有一個沉重的重量被放下了，而那些過去的記憶也終於變成了風景。

為什麼說再見這麼難？

1. 未完成的心理投射

當我們將未來的藍圖與對方深度綁定時，分手不只是失去一段關係，更是整個未來想像的崩解。

2. 過度理想化的記憶

人類記憶具有選擇性，我們常在回憶中保留愛情的美好片段，卻刻意忽略曾經的不適與痛苦，使得放手變得更加困難。

3. 對孤獨與空虛的恐懼

許多人其實並非不能離開對方，而是害怕離開後的那種「沒人懂我」、「沒有人等我回家」的落寞。

4. 身體與情緒記憶的殘留

與對方共同生活所累積的身體記憶 —— 習慣的路線、熟悉的聲音與氣味 —— 這些感官痕跡會不斷勾起失落與懷舊，讓人誤以為「放不下的是愛」，其實是大腦還沒習慣失去。

5. 自我價值感的動搖

一段關係結束，尤其若伴隨著背叛或拒絕，可能會觸發我們對「我是否值得被愛」的深層懷疑，進而阻礙復原的進程。

了解這些心理阻力，是我們願意誠實面對分手、承認痛苦、並有意識地走向復原的第一步。

七個「好好說再見」的心理練習

(1) 書寫告別信：寫給對方或寫給自己都可以，重點是梳理整段關係的始末與情緒，並用自己的話為這段關係畫下句點。

(2) 建立私人的紀念儀式：例如選擇一天前往曾經重要的地點，對著心中那個過去的自己說聲謝謝與再見，讓情感有一個可視化的釋放出口。

(3) 向信任對象傾訴傷痛：不必怕「講太多很煩」，適當的表達能幫助我們釐清情緒與釋放壓力。朋友、心理師、或是支持團體都能成為承接情緒的容器。

(4) 設定情緒與行為邊界：給自己訂下「不再主動聯絡」、「不看對方社群」、「不在夜深人靜時重看合照」等規則，讓自己的復原能有清晰的方向。

(5) 重啟個人生活習慣：重新設計一個人時的作息、假日行程與用餐地點，慢慢從「我們」的日常，過渡到「我」的生活。

(6) 重拾喜歡自己的一切：從喜歡的書、電影、老朋友開始，找回那個還未戀愛前就存在、也值得被珍惜的自己。

(7) 練習「溫柔地結束」的語言：對過去說「謝謝你來過」，對自己說「我做得很好」，讓結束不再是憤怒與否定，而是包容與祝福。

分手後的完整，不是遺忘，而是轉化

有些關係，是來教會我們如何深愛；有些人，是來提醒我們不該忘記自己。分手從來不是失敗，而是兩個靈魂在人生不同交叉口選擇轉彎的一刻。真正的復原，不是抹去所有記憶，而是讓這些記憶成為一段已完成的篇章，存放於心中不再痛的地方。

當我們願意好好告別，就等於對愛情、對自己曾付出的那部分，給予了一個有尊嚴的結束。而這樣的告別，也會成為我們日後更懂愛、更懂自己的一種力量。

你不需要急著放下，但你可以選擇開始轉化。你也不需要立刻走出悲傷，但你可以學會在悲傷中，對自己更溫柔。

因為愛過的人不必成為遺憾，而愛過之後，還願意相信愛的你，更值得被自己溫柔擁抱。

第七章
進入婚姻後，
為什麼快樂變少了？

第一節
婚前恐懼症與心理承諾的壓力測試

結婚的那一步，為什麼讓人猶豫？

即使戀愛多年、感情穩定，當話題進入「我們要不要結婚？」的那一刻，許多人卻忽然陷入焦慮、猶豫甚至逃避。這種突如其來的不安情緒，並不罕見，也並非不愛對方，而是心理學上常見的現象——婚前恐懼症（premarital anxiety）。它代表的不是一段關係的錯誤，而是一場「心理承諾的壓力測試」。

心理學家指出，婚姻不只是法律契約或一場儀式，它同時是自我角色的轉換、一連串未來承諾的心理挑戰。進入婚姻意味著我們將成為某人的配偶、某個家庭的成員、也將面對角色責任的加重，這一連串變化會觸發我們對自由、失敗、親密與未來的不確定感，進而形成婚前焦慮。

臺灣案例：婚禮前一週，他突然說想冷靜一下

陳信瑋（化名）與未婚妻交往六年，籌備婚禮時一切順利，但就在婚禮前一週，他突然對未婚妻說：「我想要冷靜一下。」他自己也無法說出明確的原因，只說：「心裡有一種很

奇怪的壓迫感，好像再走下去就是不能回頭。」

後來經由心理諮商，他才明白，自己潛藏著對婚姻角色轉變的深層焦慮。他的父母婚姻並不幸福，讓他對「婚後的生活」充滿負面想像，而這些未被處理的情緒在面對婚姻決定時全面浮現。

這類例子說明，婚前恐懼不一定來自關係本身，而可能源自個人經驗、價值觀衝突或對未來的預期焦慮。

婚前恐懼的五大心理根源

(1) 身分轉換焦慮：從戀人變成配偶，意味著對生活、家庭、職責的認知與期待都會改變，讓人產生「我準備好了嗎？」的質疑。

(2) 自由喪失感：結婚往往被認為是進入穩定、長期、固定的生活節奏，對喜歡彈性與自我空間的人而言，可能出現自由被限制的恐懼。

(3) 關係完美化壓力：婚前社會與家庭對「幸福婚姻」的理想化，讓人擔心一旦進入婚姻就無法再容錯、再磨合。

(4) 親密的反向恐懼：婚姻代表全面的親密，對有依附焦慮或逃避傾向的人來說，可能會潛意識啟動退縮與抗拒。

(5) 潛在創傷觸發：來自原生家庭的婚姻觀、過往情感創傷可能在籌婚過程中被重新觸發，形成未預期的心理動盪。

婚前恐懼不該被壓抑，而應被理解

在臺灣，婚前焦慮常被誤解為「不愛了」、「臨陣退縮」，導致當事人無法正當表達恐懼與不安，進而壓抑或倉促作決定。其實，婚前恐懼若能被看見、被接住，反而是一段關係成熟的開始。

心理師指出：「願意在婚前坦承自己的不確定，其實是一種對未來的誠實與責任感。」也就是說，面對婚前焦慮，不是拒絕承諾，而是試圖確認自己是否準備好進入人生的新階段。

五個面對婚前焦慮的心理練習

(1) 具體化恐懼內容：寫下你對婚姻的擔憂，例如「我怕婚後關係會變淡」、「我怕自己無法當好先生／太太」，讓恐懼從模糊轉為具體，較容易處理。

(2) 與伴侶進行情緒對話：不是討論婚禮流程，而是開放分享各自對婚後生活的期待、恐懼與想像，促進相互理解。

(3) 區分「人」與「制度」的焦慮：明白你焦慮的可能不是對方，而是「婚姻」這個制度與角色壓力本身，這有助於釐清是否將情緒錯誤歸因。

(4) 建立婚前的自我支持系統：在婚前定期與朋友、諮商師對話，釐清自我定位與情緒，避免將所有壓力集中在伴侶身上。

(5) 練習「彈性承諾」的語言：如「我們會一起面對婚後的改變」、「我不確定一切會如何，但我願意嘗試」，讓承諾變得溫柔、有空間，而非僵化與絕對。

真正的承諾，是承認不安後仍願意前行

婚姻並不是心理安全感的終點站，它反而會是更多心理議題浮現的起點。而婚前恐懼正是一個提醒，讓我們有機會在婚姻發生之前，重新盤點內在狀態、歷史創傷與價值觀差異。

若我們願意正視自己的不安，也允許對方的恐懼，婚姻將不再只是甜蜜的期待，而是兩個成熟個體共同建構的生活工程。

記住，走進婚姻前最重要的事，不是把恐懼藏好，而是讓對方知道你願意和他／她一起面對它。這樣的承諾，比任何保證都來得真實而穩固。

第二節
心理界線不清，是婚姻最大的風險因子

愛得太多，為什麼反而傷人？

在婚姻裡，最容易被忽略、卻最關鍵的心理結構，就是「界線」。我們以為愛情就是融合、婚姻就是合而為一，但心理學提醒我們：沒有清晰界線的親密關係，很容易在日常摩擦中，失去尊重、自我與信任感，最終讓愛變質，甚至破裂。

心理界線（psychological boundaries）是指個體在情緒、思想、責任與身分上的分際。它幫助我們在親密關係中既不疏離，也不過度融合，是維持婚姻健康與個體尊嚴的核心關鍵。界線不是隔離，而是讓親密關係得以安全運行的心理空間。

案例：他總覺得「我什麼都不能有自己的想法」

李政勳（化名）是國小教師，婚後第五年進入婚姻諮商。他向心理師坦言，婚後的自己逐漸喪失決策感與主體性，「不管是買車、換工作，甚至週末去哪裡，我太太都會介入很多。我一開始以為是關心，後來才覺得是控制。」

他的太太則認為自己是出於愛與共識，「結婚不就是要一起決定嗎？」

這對夫妻的困境，並不是誰對誰錯，而是缺乏對「心理界線」的理解與界定。過度融合的親密看似甜蜜，實則抹煞了彼此的獨立性，久而久之便產生被窒息感與情緒疲乏，甚至出現被動攻擊、冷漠與情緒疏離。

婚姻中常見的五種界線模糊現象

1. 情緒代償

一方對另一方的情緒負起過多責任，例如「你今天不開心，是我沒照顧好你」。

2. 角色混淆

配偶變成了父母、主管、孩子的角色，例如一方總對另一方發號施令、過度照顧或依賴。

3. 決策合併

沒有討論空間與個人選擇權，任何事情都要「一起做、一起想」，但實際上變成控制與干涉。

4. 價值觀壓迫

將自己的生活方式、信仰或期待強加在伴侶身上，不容許對方差異化存在。

5. 社交邊界模糊

不尊重彼此的交友圈、家庭往來或人際隱私，讓婚姻成為一個「沒有個人空間」的牢籠。

這些現象若未被覺察與調整，會逐漸侵蝕親密關係的彈性，使婚姻進入「黏在一起卻越來越孤單」的病態模式。

為什麼界線如此重要？

心理學家哈莉特．勒納（Harriet Lerner）在其著作《親密之舞》（*The Dance of Intimacy*）中指出，界線是建立健康關係的基礎。沒有界線的關係，就像無牆的房子，看似開放，實則脆弱。一段穩定的婚姻，需要兩個「有邊界的個體」願意一起協調、共享，但不抹煞彼此的不同。

明確的心理界線能帶來：

- 情緒責任的平衡：彼此為自己的情緒負責，不將快樂與否完全歸因於對方。
- 個體自主的尊重：允許對方有獨立的興趣、觀點與節奏。
- 親密與距離的調節：關係既不過度干涉，也不過度疏離，維持健康的心理空間。

建立婚姻界線的五個實踐練習

(1) 界線對話練習：夫妻雙方可以定期討論「最近我感到被侵犯或過度干涉的地方」，彼此練習表達與聆聽。

(2) 情緒責任日記：每週書寫一次「我對什麼感覺有責任／我不該為什麼負責」，釐清情緒歸屬。

(3) 制定個人時間與空間：不論結婚多久，每週至少安排個人活動、閱讀時間或社交活動，維持自我感。

(4) 共同界線協議：就如財務協議一樣，夫妻可以擬定界線共識，例如社交界線、家庭互動界線、時間安排界線。

(5) 去合併語言：例如將「我們覺得」改為「我覺得」和「你覺得」，讓彼此在語言上保有獨立思考空間。

真正的親密，是在邊界內相遇

親密關係的最高境界，不是你我消失、變成同一人，而是我們各自完整，卻選擇持續靠近。唯有清晰而彈性的界線，才能讓婚姻在長期互動中不失平衡與尊重。

當你願意為自己的感受負責，也尊重對方的選擇與空間，婚姻將不再是吞噬個體的關係結構，而是讓彼此成為更好的場域。

真正的愛，是在「我」與「你」之間，建立一個自由而溫暖的「我們」。

第三節
七年之癢，或者七年的再選擇？

「七年之癢」是時間的詛咒，還是關係的提醒？

在華人文化與西方心理學語境中，「七年之癢」（The Seven Year Itch）常被視為婚姻危機的關鍵轉折點。它代表著一段關係進入倦怠、壓力、甚至出軌的高風險階段，但這個說法真的是宿命式的時間詛咒嗎？還是我們可以把它看作是一次重新選擇與轉化的契機？

事實上，心理學家指出，婚姻中出現危機並不總是固定在七年，而是隨著「關係發展任務」的推移，每隔幾年便會面臨一個新的心理挑戰。所謂「七年之癢」，更準確的說法應該是「親密關係的第三階段挑戰」——從激情期進入穩定期後，開始浮現潛藏的價值觀差異、親職壓力與情感重塑的需求。

案例：七年後，她突然說「我好像不愛你了」

陳怡廷（化名）與先生結婚第七年，一如過往地為孩子準備早餐、上班、買菜、煮飯、洗衣，但某天夜裡，她卻突然對先生說：「我好像已經不愛你了。」她無法說清楚哪裡出了問題，只知道自己心裡感到一種無以名狀的空洞。

經過諮商後她才發現，這些年她一直在扮演「太太」、「媽媽」與「媳婦」的角色，卻很少扮演「自己」。她不是不愛對方，而是愛的方式已經失衡、失焦。那句話，其實是她在向自己發出求救訊號。

這個案例說明，「七年之癢」不是愛的終結，而是提醒我們重新檢查關係與自我是否還同步、有沒有被看見、有沒有被好好經營。

七年之癢的三大心理特徵

1. 關係角色僵化

夫妻間固定在父母、財務合夥人或家務分工角色中，失去戀人間的彈性互動與新鮮感。

2. 情緒表達下降

習慣了沉默與迴避，很多需求與情緒不再說出口，導致情感連結逐漸稀薄。

3. 認同與未竟夢想的衝突

一方開始重新思考「我還有什麼沒完成的？」，這些自我探索若未被配偶理解，便容易產生誤解與衝突。

這些特徵並非問題本身，而是關係已進入需要「升級維護」的階段信號。

七年之癢≠感情破裂，而是關係需要升級的訊號

心理學家艾斯特·佩瑞爾（Esther Perel）強調，長期親密關係的經營不在於避免無聊，而在於持續創造「驚喜感」與「更新感」。當一段關係缺乏變化、學習與共同成長的刺激，就容易陷入自動駕駛狀態，而這正是「癢」的根源。

因此，七年之癢不該被視為愛情消亡的徵兆，而應被當作一次「愛的再選擇」的邀請：我們是否還願意再次看見彼此？是否願意更新關係語言？是否願意重新為彼此努力？

七年後的五個關係更新練習

(1) 共同設定新目標：不再只是圍繞孩子與房貸，而是重新設定兩人共同想完成的事（如旅行、進修、創業）。

(2) 每月一場「關係對話」：不是討論生活瑣事，而是開放討論「最近你有沒有哪裡感到被忽略？」、「我們可以怎麼調整親密感？」

(3) 學習新的愛的語言：參考蓋瑞·巧門（Gary Chapman）的《愛之語》理論，辨識彼此偏好的表達方式，如陪伴、肯定、禮物、服務或身體接觸。

(4) 角色交換日：設計一天讓彼此交換平時的家務與任務，增加理解與同理。

(5) 關係儀式創造：建立兩人專屬的習慣儀式，例如每週固定一晚看電影、每年共同完成一項挑戰等。

愛不是一成不變，而是一次次的選擇

「七年之癢」真正提醒我們的，不是婚姻的脆弱，而是親密關係需要主動維護與創造。當我們願意看見彼此的疲憊、承認愛情也會生鏽，並為此重新調整關係模式，我們就還有機會再次選擇彼此。

婚姻最動人的地方，不是永遠沒有癢，而是在每一次癢的時候，彼此願意一起抓癢、一起修補、一起繼續走下去。

當你願意在第七年再次選擇對方，這份愛，會比當初更堅固。

第四節　婆媳問題不是人際問題，是家庭系統失衡

婆媳問題，為什麼世代相傳卻難以解決？

在華人社會中，婆媳問題被視為婚姻衝突中最常見也最棘手的一種形式。人們總以為這是「個性不合」、「溝通不良」或「誰比較強勢」的問題，卻忽略了背後更深層的心理與結構性因素 —— 家庭系統失衡。

根據家庭系統理論（Family Systems Theory），由心理學家莫雷．包文（Murray Bowen）所提出，家庭並不是由獨立的個體所組成，而是一個彼此互動、影響、調節的情感系統。當系統中的一個角色進入變動（例如孩子結婚、家庭結構改變），若沒有同步調整系統邊界與關係動態，便容易出現角色混淆、情緒轉移與權力爭奪。

婆媳之間的緊張，往往並非兩人之間的問題，而是整個家庭系統未妥善轉換「代間角色」與「新核心關係」所導致的系統張力。

案例：誰才是這個家的女主人？

洪嘉儀（化名）與丈夫婚後與婆婆同住，一開始雙方關係還算和諧，但隨著孩子出生、家務分工與育兒觀念分歧，衝突日漸升高。「她會在我面前改我對小孩的教育方式，還會對我說『妳煮這樣他不會吃啦』，我覺得自己在這個家毫無地位。」

丈夫常以「妳就讓一下她嘛，她年紀大了」來調解，卻讓她更加委屈與孤立。最終嘉儀在心理諮商中才明白，她不是在跟婆婆吵架，而是在為「我與我先生的家庭邊界」爭取定位。

這段經歷點出了婆媳問題的本質：是新家庭單位未被明確建立，導致原生家庭與新婚家庭界線模糊，使得三人關係無法平衡。

婆媳衝突背後的三大系統性張力

1. 權力與主導地位的重疊

婆婆過去習慣掌控家中大小事，而媳婦則希望建立自己的家庭方式，兩者容易因家庭主導權爭奪而起衝突。

2. 親密關係再分配的焦慮

婆婆可能無意識感受到「兒子被搶走」，而媳婦則期待「我們是新的家庭核心」，這種情感轉移未被處理便會累積成敵意。

3. 角色定位與三角關係

丈夫常被夾在母親與妻子之間無法表態，成為典型的三角關係，若無清楚的情緒界線與角色分工，便會加深張力。

建立健康家庭系統的五項調整建議

1. 明確家庭核心重組

婚後須建立「以夫妻為核心」的新家庭架構，讓原生家庭角色自然退位，而非延續「母子共生」模式。

2. 劃清三代家庭的心理界線

針對金錢、育兒、家務等議題清楚區分由誰決策、誰執行，讓雙方角色明確。

3. 丈夫角色的轉變與站位

丈夫需有意識地扮演界線守護者與平衡者，表達「與妻子為家庭單位」的立場，避免模糊與逃避。

4. 溝通方式的再設計

避免責備語言與情緒攻擊，轉以「我感覺……」、「我需要……」等主詞式語言表達界線需求。

5. 系統觀點的對話與諮商

透過家庭諮商協助各角色看見整體系統的互動模式，而非聚焦於「誰對誰錯」。

婆媳關係，不是兩人的戰場，而是全家的功課

當我們能從家庭系統角度理解婆媳問題，就會明白，衝突的解方不是要求某一方退讓，而是整個家庭結構要重新定錨。

真正的解方，不在於「誰要讓誰」，而在於我們是否願意共同建立一個有彈性、有界線、有支持的家庭新秩序。這樣的秩序，讓每個角色都有所屬、每段關係都被看見，也讓愛與理解能在世代之間順利流動。

婆媳問題若能被看成是家庭進化的階段性困難，那麼每一次的摩擦，也就能成為系統更新的契機。

第五節　單身女性迷思與愛情選擇的自由焦慮

自由愈多，焦慮愈深？

在臺灣社會裡，對單身女性的社會眼光雖有進步，但仍像一道無形的壓力，盤踞在許多年過三十仍未婚女性的心理深處。隨著教育程度提升、經濟獨立與婚姻觀念轉變，女性擁有更多選擇自由，卻也因此面臨更多選擇焦慮與情感負擔。

心理學家貝瑞·史瓦茲（Barry Schwartz）在其著作《選擇的悖論》中指出，當選項過多時，人反而更難做決定、更容易後悔。這個理論也深刻反映在現代女性的婚戀選擇上：太多可能、太多期待，讓「不選」似乎變得更安全，卻也更令人不安。

案例：在期待與批評之間，她越來越沉默

蕭芸（化名）是一名37歲的行銷主管，年收入穩定、人際圈廣、生活獨立，卻總在家庭聚會中被問：「什麼時候要結婚？」她常說：「我不是不想談戀愛，只是每次一想到要進入關係，就很怕選錯、很怕犧牲。」

她說自己曾遇過幾個對象，有條件不錯的、有感覺契合的，卻總是無法跨出那一步。不是怕失敗，就是覺得「再看看

也許有更適合的」。最後，她反而陷入一種孤獨與自我懷疑的困境。「是我太挑？還是其實我根本不知道自己想要什麼？」

這段經驗反映出，選擇自由的同時，也放大了內在的恐懼與焦慮，甚至形成一種「選擇癱瘓」（choice paralysis）。

愛情選擇焦慮的四大心理成因

1. 完美主義與選擇幻覺

在愛情中追求「最理想對象」，導致難以接受平凡或現實的關係，錯過建立真實連結的可能性。

2. 恐懼喪失與後悔

一旦做出選擇，意味著放棄其他選項，心理容易啟動「我是不是選錯了」的懷疑循環。

3. 內化的社會期待

社會與家庭對女性婚姻狀態的無形要求，使女性即使內心獨立，仍無法完全擺脫「該結婚了」的壓力。

4. 自我價值的關係綁定

將是否有伴侶視為是否被認可、是否成功的指標，當選擇單身時容易感受到價值匱乏。

這些心理成因不只是個人選擇的問題，而是當代女性在情感自由與社會評價中拉扯的複合結果。

從「沒人要」到「自己選擇」的心理翻轉

從婚姻迷思中解放，不是為了否定婚姻，而是為了讓「選擇婚姻」成為一種主動而非被動的行動。真正的情感自由，來自於：我可以選擇，也可以不選；我可以想要親密，也可以享受獨處。

心理學家卡爾．羅傑斯（Carl Rogers）指出，健康的關係建立在「真誠自我」的基礎上，而不是迎合他人期待所構築的角色。唯有清楚自己的需求與底線，才能在愛裡做出不違背自我認同的選擇。

擁抱情感選擇自由的五個心理練習

(1) 定義自己的愛情價值觀：釐清「我想要的關係是什麼？」、「我不能接受的是什麼？」建立個人標準而非外在標準。

(2) 覺察恐懼與期待的來源：寫下對婚姻／單身的想像，備注哪些來自社會、家庭，哪些是真正屬於自己的。

(3) 從關係中學習，而非為關係而活：每段相處都能讓我們更了解自己，而不是非得「成為最後的那一個」才算成功。

(4) 接納「不確定感」作為一部分常態：沒有一個選擇是絕對安全的，學會在有限資訊中做當下最好的選擇。

(5)培養獨處的價值感：不是等待某人來讓我完整，而是我已完整，愛情只是生活的增量，而非救贖。

真正的自由，是知道自己有選擇，也敢承擔選擇

在愛情這條路上，沒有人該被貼標籤，因為每個人的情感進程與人生節奏都值得被尊重。選擇婚姻與選擇單身，從來都不該是「對或錯」的問題，而是「這是不是我想要的生活」的誠實提問。

當我們願意面對自己的焦慮、釐清自己的渴望，並且接納每一次選擇的結果，我們就真正走向了愛的自由。

那是一種不為誰而選的自由，是一種足夠了解自己，才敢與世界相愛的勇氣。

第六節
「完美的太太」為什麼讓人想逃？

當「做得太好」成為一種壓力

在許多婚姻故事裡，我們經常聽到某一方對另一方說：「她（他）明明沒做錯什麼，但我就是覺得喘不過氣。」這種情況常發生在被社會讚譽為「完美太太」的女性身上。她們體貼、能幹、為家庭盡心盡力，卻在關係中意外地被拒斥或疏離。

這並不是因為她們做得不夠好，而是因為太過完美的角色表現，反而掩蓋了情感互動中最基本的需求：真實與同理心。心理學上，這樣的現象常與「角色壓力」、「親密疲勞」以及「自我犧牲性人格傾向」有關。

案例：太太無懈可擊，先生卻選擇外遇

林子婷（化名）是一位全職媽媽，育有兩名子女，平時把家務打理得井然有序，孩子成績優秀，連先生的三餐都按照營養配比設計。但她卻在婚姻第十年發現先生有外遇。

在婚姻諮商中，她說：「我不懂，他什麼都不用擔心，我把一切都照顧得好好的，為什麼他還要背叛我？」先生的回應卻是：「我好像只是被照顧的人，但我不知道妳需要什麼，也不知道妳什麼時候真的快樂。」

這個案例呈現出一個關鍵訊號：當「我很好」成為一種不允許被關心、被照顧的盔甲時，親密關係會變成單向的功能體系，而非情感的雙向流動。

「完美太太」現象的心理根源

1. 角色僵化與自我抹除

女性內化「好太太」的文化期待，將所有注意力投注在家庭、配偶與孩子，卻逐漸失去與自己情感需求的連結。

2. 過度責任感與情緒隱藏

擔心表達負面情緒會破壞家庭和諧，選擇壓抑疲憊、委屈、憤怒，長期累積成心理壓力。

3. 共感落差與情緒不對稱

丈夫在「她已經都做得很好了」的錯覺下，反而覺得自己沒有被需要或無法貢獻，形成親密失衡。

4. 無形的情緒控制感

過度照顧與掌控細節，讓對方缺乏自主空間，產生被動或反彈心理。

好的婚姻，不是功能互補，而是情緒共鳴

心理學家蘇珊·強森（Sue Johnson）指出，親密關係的核心不是表現得多麼完美，而是能否彼此「情緒回應」與「依附安全」。當婚姻變成一場誰付出更多的比賽，雙方很容易迷失情感初衷。

所謂「完美太太」的迷思，其實是將愛簡化為責任與表現，卻忽略了情感交流的雙向性。真正有力量的關係，是雙方都能坦露脆弱、需求與不安，而不是一方默默撐起全部，另一方變得無所適從。

放下完美，讓婚姻回到真實互動的五項心理練習

1. 說出「我需要」的練習

每天對伴侶表達一項內心需求，不是埋怨，而是邀請對方參與自己的情緒世界。

2. 刻意放手部分家務或安排

讓對方也有承擔與付出的空間，彼此共同維持家庭，不是單向付出。

3. 練習「不做」的安全感

一週選擇一天不料理、不打掃，看看關係是否仍然運作，減少對完美的依附感。

4. 重拾自我而非角色身分

重新發展興趣、交友圈與自我價值來源，不只以「妻子」、「媽媽」的角色定義自己。

5. 建立雙向情緒交流的習慣

安排每週一次心情對話，不談行程、不談孩子，只談彼此的狀態與情緒。

真正的愛，是可以讓我不完美

婚姻不該是一個人壓抑需求、負起全部責任的結構，也不該是用「我都做得這麼好了」來交換對方的回應與忠誠。

唯有讓彼此都能在婚姻裡安心表達真實、坦承脆弱、參與建構，這段關係才能走得長久。當「好太太」不再只是完美表現，而是成為一個願意被愛、被理解、被照顧的完整自我，那麼婚姻裡的愛，就不再讓人想逃，而是讓人願意留下。

別再做「沒情緒的超人」，也別讓「完美」成為情感連結的障礙。

因為婚姻最美的樣子，不是你多完美，而是你被看見的樣子。

第七節　關係裡的我們：從互相折磨，到學會同理

為什麼越親密，越容易傷害彼此？

在一段長期的親密關係中，許多人有一種無力的感受：「我明明是最愛他（她）的人，卻也最容易傷害他（她）。」從爭吵、誤解、冷戰、情緒勒索，到彼此忍耐到麻木，關係的張力似乎無處不在。有時甚至會懷疑：我們是不是根本不適合？

其實，問題並非出在「我們不夠愛」，而是「我們不夠理解對方的情緒經驗」。這是心理學中所說的「移情隔閡」（empathy gap）：我們太容易用自己的邏輯詮釋對方的行為，卻忽略了他／她背後的感受與需求。當缺乏同理時，關係便會淪為情緒攻防與責任推託的戰場，甚至讓愛的初心變質為彼此折磨的消耗戰。

根據美國臨床心理學家哈莉特·勒納（Harriet Lerner）的觀察，親密關係的矛盾源於我們期望在愛裡找到療癒，卻又在安全感不足時採取防衛姿態。越是期待關係成為歸屬的堡壘，越容易在不被理解時產生更深的挫折與憤怒。親密與傷害之所以如影隨形，是因為我們在最愛的人面前，也暴露了最脆弱的自己。

案例：只是晚回一通訊息，竟演變成一場冷戰

廖文萱（化名）與先生結婚六年，平常感情良好。但有次先生因加班未即時回訊息，她情緒瞬間炸裂：「你是不是根本不在意我？」接著是冷言冷語、冷戰三天。

事後她坦承，真正讓她生氣的不是訊息本身，而是她內心那句：「你是不是又像我爸那樣，總是說了會回來卻從沒出現。」

她的情緒反應，其實是過去情感經驗的投射，而非單一事件的結果。而先生的不理解與無回應，更讓她的傷口被放大。這段衝突最終靠諮商化解，兩人才發現彼此一直以來都在「互相折磨」，只是因為從未真正試圖同理對方的過去與情緒脈絡。

「互相折磨」的五種心理模式

（1）投射性責備：將自己的恐懼或焦慮投射到對方身上，並用指責掩蓋不安與脆弱感。

（2）冷漠式防衛：一方因為無力處理衝突，選擇情感抽離，導致另一方覺得被忽略甚至被拒絕。

（3）角色互換的怨懟：在照顧與付出角色中累積不平衡，最終產生無法表達的憤怒與失望。

(4)重複傷害的輪迴：雙方無意識地重演原生家庭的情感模式，在彼此身上尋找情感補償卻加劇傷害。

(5)語言失真與誤解：缺乏正確表達方式，將內心需求包裝成攻擊語言，如「你怎麼又這樣」，讓溝通變成防衛性應答。

這些模式的背後，其實是渴望被看見、被接住的情緒，只是沒能以健康的方式傳達與接收。

同理不是贊同，而是情緒理解的橋梁

心理學家布芮妮．布朗(Brené Brown)指出，同理(empathy)不是給建議、不是比慘，而是「願意走進對方的情緒裡」。真正的同理不需要解決問題，只需要讓對方知道：「你的感受，我看見了，我陪你。」

我們太習慣聽見「這有什麼好生氣的？」、「我也很累啊！」，卻忘了，同理的第一步是停下來，讓對方的感受有空間說出口、被接納。同理不是情緒解決法，而是一種存在方式，是你在對方難受時不退縮、不指責，而是陪在身邊，讓愛與理解取代批判與指令。

當關係中的雙方能夠練習用這種方式回應彼此，很多潛藏的傷口會在被理解的一瞬間獲得舒緩。因為同理，是親密關係中最重要的情緒止痛劑，也是建立安全依附的核心機制。

從折磨到理解的五項同理練習

1. 放下「是非」模式，轉向「感受」模式

當對方情緒高漲時，先問「你是不是覺得被忽略了？」而不是「你為什麼要生氣？」，讓情緒被命名與認可。

2. 每日一句「感受確認語」

如「我懂你今天真的很累」、「我聽出你對這件事真的很在意」，建立情緒回應的語言習慣。

3. 建立非衝突時的情緒對話空間

每週安排一次彼此聊聊「最近讓我感到溫暖／失落的事」，透過正向與脆弱的分享拉近心理距離。

4. 情緒回應三步驟：聽見－確認－回應

先反映對方語句內容，再說明你理解的情緒，最後給予陪伴性回應，例如：「我聽到你說加班讓你覺得被壓榨，這真的很讓人沮喪，我在這裡陪你。」

5. 一起探索彼此的原生經驗

透過書寫、訪談或共同參加心理講座的方式，理解對方如何學會愛、表達情緒與處理衝突，從歷史中深化當下的同理能力。

最深的親密，是情緒的共鳴

愛情的本質不只是陪伴，更是一種情緒上的「被看見」。當我們願意從「我怎麼會這樣對你」轉為「你為什麼會這樣感覺」，關係就從彼此傷害，轉向彼此照顧。

關係不會因為理解而變得完美，但會因為同理而變得穩固。當你能說出「我雖然不同意，但我能理解你的感受」，這不只是善意的說話技巧，更是你願意放下自我中心、走進對方情緒世界的姿態。

真正成熟的關係，不是沒有摩擦，而是在摩擦後還願意互相靠近；不是情緒絕對對等，而是在情緒起伏中彼此回應與修復。

同理，是愛的實踐方式，是讓兩個人，即使不相同，也能走得長遠的真正理由。

第八章
成為父母，
沒有腳本可以照抄

第一節
孩子的行為，反映的是你的情緒

親子之間，看不見的情緒連線

孩子發脾氣、耍賴、故意不聽話，常常讓父母懷疑：「這孩子是不是故意跟我作對？」但心理學研究指出，孩子的行為往往不是針對大人，而是回應大人。美國臨床心理學家丹尼爾·席格（Daniel J. Siegel）與蒂娜·布萊森（Tina Payne Bryson）提出：「孩子的大腦尚未成熟，無法獨立調節情緒，因此他們會直接反映出父母當下的情緒狀態。」

換句話說，孩子不是在對抗你，而是在感受你。當我們對生活壓力焦躁、與伴侶衝突未解、長期情緒壓抑時，這些情緒會無形中滲入親子互動，透過語氣、肢體、表情乃至眼神傳遞出去。孩子就像是情緒的照妖鏡，誠實地映照著大人的內心風景。

案例：小杰的行為退化，其實是媽媽的情緒求救

六歲的小杰最近開始出現行為退化的現象：會尿床、黏人、哭鬧不休，甚至在幼稚園對同學咆哮。老師請媽媽前來溝通時，媽媽情緒激動地說：「我已經夠累了，他還一直找麻煩！」

經由親職諮商，心理師發現媽媽正經歷與丈夫的離婚程序，日夜焦慮、失眠不斷，卻因為不想讓孩子擔心而選擇壓抑情緒。小杰無法理解大人的困境，卻用他唯一會的方式——倒退的行為模式，來表達自己感受到的壓力與不安。

這個案例提醒我們：孩子的問題行為，往往是家庭系統情緒失衡的徵兆。當大人不處理自己的情緒，小孩便會以混亂行為接下這份情緒責任。

孩子是你的情緒延伸，不是問題製造者

從依附理論（Attachment Theory）來看，孩子天生依賴照顧者提供情緒調節的協助。若父母自身情緒穩定、回應一致，孩子便能漸漸學會信任與調節自我；但若照顧者常處於焦躁、回避、批判等狀態，孩子的行為也將出現混亂、焦慮或過度順從的反應。

這不是在責怪父母，而是提醒我們：親職角色是一面情緒鏡，我們想孩子成為什麼樣的人，首先必須成為那樣的大人。

三大常見的情緒投射型教養模式

1. 壓力投射型

父母將工作、人際或婚姻壓力帶入育兒中，動不動就因小事暴怒，孩子不明白原因，只能用退縮或反抗來應對。

2. 焦慮傳染型

過度擔心孩子未來、不斷批評提醒，孩子久而久之變得依賴、缺乏自信，也容易出現身心症狀（如胃痛、頭痛）。

3. 過度補償型

父母因內疚或自我價值感低落，傾向對孩子過度縱容，希望從孩子的表現中獲得認可，孩子反而學不到界線與挫折忍受力。

穩定自己，是給孩子最深的安全感

心理學家簡·尼爾森（Jane Nelsen）強調：「教養不是關於控制孩子，而是管理自己以影響孩子。」在孩子面前保持情緒穩定，不代表你不能有情緒，而是你學會表達、梳理、負責任地面對自己的感受，讓孩子看見一種成熟而真實的情緒樣貌。

五個情緒覺察與修復的親職練習

(1)情緒日記：每天寫下育兒中讓你失控或感動的片段，幫助覺察情緒觸發點與反應模式。

(2)暫停代替暴走：當你情緒升溫時，學會說：「我現在需要冷靜一下，我等會再處理這件事。」這是一種教給孩子的情緒管理示範。

(3)向孩子坦誠感受：如「媽媽今天工作有點累，剛才語氣不太好，對不起」。這不是示弱，而是教孩子承認與修復。

(4)練習每日靜心五分鐘：不論是呼吸練習、冥想或靜坐，幫助自己穩定神經系統，也讓家裡有更多平靜能量。

(5)建立家庭情緒語言：與孩子一起為各種情緒命名，例如「我現在覺得失望」，幫助孩子學會辨識與表達感受。

孩子的穩定，始於你的平靜

孩子的行為不是要挑戰你，而是在告訴你：「我需要你安穩。」當我們願意停下來看見自己的情緒，照顧自己的心理狀態，親子關係才會從反射性應對轉為回應式連結。

成為父母不需要完美，但需要真誠與願意修正。當你開始為自己的情緒負責，孩子將會從你身上學會如何照顧自己、也照顧他人。這正是教養中最珍貴的生命示範。

第二節
批評是語氣，不是內容的問題

為什麼你說的是道理，孩子卻只聽到攻擊？

在親子教養現場，許多父母常感到挫敗：「我只是提醒他寫功課，不是罵他啊！」、「我只是說他可以做得更好，他怎麼就哭了？」其實，問題往往不在於「你說了什麼」，而是「你怎麼說的」。

根據語言溝通理論，溝通的意義只有7%來自語言內容，38%來自語音語調，55%來自非語言訊號（表情、肢體、眼神等）。對孩子而言，語氣就是情緒的代表，一句話是否帶著接納或批判，他們比誰都敏銳。

案例：一聲「你怎麼又這樣」，讓他摔門而去

林子翔（化名）是國中一年級學生，有天因為忘記帶課本，被媽媽唸了兩句：「你怎麼又這樣，講過多少次？」他突然情緒爆發，大聲回嘴、摔門而去。媽媽愣住了：「我又沒罵他，只是提醒。」

事後透過學校輔導與親子諮商，媽媽才理解，她的語氣長期給孩子帶來「永遠做不好」的心理壓力。她的批評，雖然

是出於關心，但語氣中夾雜的失望與怒意，讓孩子覺得「自己一直在被否定」，久而久之形成防衛與反擊機制。

語氣，決定了孩子是否感受到尊重

心理學家湯瑪斯．高登（Thomas Gordon）提出「我訊息」與「你訊息」的區別。「你訊息」如：「你為什麼這麼不認真？」容易激起孩子的防衛心；而「我訊息」如：「我看到你功課沒寫完，會有點擔心」則強調自己的感受，較容易讓孩子聽進去。

當父母用批判、命令、否定式語氣表達時，孩子接收到的不是建議，而是評價。他們會感受到「我是不夠好」、「我讓爸媽失望」，進而產生羞愧、自責或抗拒心理。

常見的語氣誤區與修正建議

（1）情緒包裝語：語意合理但語氣憤怒，如「你就不能快一點嗎？」可改為：「你是不是需要我幫你調整一下節奏？」

（2）累積爆發型語氣：平常壓抑，某天突然激烈發作。建議平時就要練習表達不滿與需求，而非忍耐到崩潰。

（3）語氣反諷型：以輕蔑或嘲諷語氣說話，如「哇，終於寫完啦，真是奇蹟」。建議以鼓勵取代嘲諷，如「這次你有努力完成，媽媽有看到」。

(4) 習慣性否定句開頭：「你怎麼……」、「你又……」、「你總是……」，改為「我希望……」、「我觀察到……」可以減少衝突誘發。

用語氣傳遞情緒安全感

語氣是情緒的載體，也是關係的介面。對孩子來說，安全的語氣能降低焦慮、提升信任感，讓他們願意傾聽與回應。而尖銳的語氣，即使內容再有道理，也會被自動無視，甚至激發叛逆心理。

父母若能在日常溝通中練習柔化語氣、不帶預設情緒開口，孩子便能學會用尊重方式回應世界，也更容易培養出良好的自我對話與人際關係。

親子之間的語氣修復練習

(1) 錄音自聽練習：錄下自己與孩子互動片段，反覆聆聽語氣強度與語速，覺察情緒負載點。

(2) 語氣前先停一拍：在開口前多停 0.5 秒，問自己：「我想讓他聽見的是什麼？」

(3) 情緒轉譯練習：將「我快被你氣死了」轉成「我看到你一直拖延，我真的很著急」，幫助自己轉化語氣。

(4)角色互換練習：讓孩子扮演大人、大人扮演孩子演一段常見對話，彼此體會語氣帶來的感受。

(5)日常肯定語言練習：每天至少說一句正向語句給孩子，如「謝謝你今天幫忙收玩具」，讓語氣成為連結的橋梁。

說出口的語氣，就是你給孩子的情緒風景

孩子不只在聽你的話，更在聽你怎麼說。當我們學會用穩定、尊重、溫和的語氣溝通，孩子也會在這樣的語境中學會尊重、表達與回應。

你的語氣，塑造孩子對人際世界的感受與信任。從修正語氣開始，就是最溫柔也最有力的教養革命。

第三節
過度獎勵會讓孩子失去動機

為什麼鼓勵太多，反而讓孩子不再努力？

在教養過程中，許多父母深怕孩子沒有動力，於是嘗試用各種獎勵機制來激勵孩子，例如：「考試九十分就買玩具給你」、「做完功課就可以多玩一小時手機」。然而，研究指出，當外在獎勵過度介入孩子的學習或行為養成時，反而會侵蝕其內在動機（intrinsic motivation）。

心理學家愛德華．迪西（Edward Deci）與理察．瑞安（Richard Ryan）提出「自我決定理論」（Self-Determination Theory），指出人類動機的可持續性建立於三個基本心理需求：自主性、勝任感與關係感。當外在獎勵削弱孩子的自主選擇，反而會讓他們只為了得到「東西」而行動，而不是出於對事情本身的興趣與責任感。

案例：寫作業為了點數，卻逐漸排斥閱讀

陳媽媽設計了一套「作業獎勵制度」：每完成一次閱讀任務即可獲得一點，累積十點可以換取一次玩具兌換。原本效果不錯，孩子甚至會主動要求閱讀。但半年後，她發現孩子

越來越敷衍，甚至對不列入點數的書籍毫無興趣。

心理師分析，這是「過度外部動機取代內部動機」的典型情況。孩子原本的學習熱情被獎勵規則所取代，當獎勵不再具有吸引力，學習行為便逐漸退縮。

過度獎勵的三種心理副作用

(1)內在動機弱化：原本因興趣或成就感驅動的行為，轉為對獎勵的期待，長期下來會失去主動性。

(2)行為短視化：孩子容易只為當下的獎勵而行動，缺乏長期目標與延宕滿足能力。

(3)價值錯位與關係功利化：孩子可能將愛、肯定、關係視為可以交換的東西，影響日後對人際互動的認知與信任。

如何設計支持內在動機的鼓勵方式？

並非所有獎勵都該排除，而是要避免讓外部回饋取代孩子對任務本身的興趣。具備支持性與互動性的鼓勵更能激發長期動力。

- 過程導向的鼓勵：比起讚美結果（如「你好棒，考100分！」），更要肯定努力歷程（如「我看到你很認真準備」）。

- 提供選擇的空間：例如「你今天想先寫哪一科？」讓孩子在有掌控感中發展自主性。
- 設定挑戰與支持並存的目標：讓孩子感受到努力可以達成進步，但不過度壓迫或操控。
- 情感連結式的獎勵：以共度時光（如一起散步、看電影）取代物質獎勵，將動機連結到關係品質上。
- 與孩子共同設定獎勵條件：將孩子納入規劃過程，讓其理解目標與價值，並對執行有參與感。

動機不靠獎勵維持，而靠意義感延續

真正能讓孩子長期努力的，不是外在刺激，而是內心對事情的意義感。當我們能協助孩子理解「為什麼要做這件事」、「這件事和我有什麼關係」，他們會更願意自主行動，也更能在沒有獎勵時堅持下去。

教養的目標不在於讓孩子完成任務，而是讓他們願意自我驅動、願意付出努力並享受過程。這樣的動機建立，才是孩子未來面對學業、人際與人生挑戰時最穩固的基礎。

真正的獎勵，是孩子在過程中逐漸建立的成就感與自信，而不是那個藏在行為後的糖果或玩具。

第四節
懲罰，能教會什麼？

為什麼懲罰讓孩子停下來，卻無法真正改變行為？

許多父母在孩子出現不當行為時，第一反應是「懲罰他」。不論是責罵、罰站、沒收物品、禁止外出，這些方式在短時間內或許看似有效，因為孩子會表現出「停止不當行為」的樣子。然而，心理學研究指出，懲罰頂多只能暫時抑制行為，卻無法真正促進孩子的內在理解與自律發展。

行為主義心理學家史金納 (B. F. Skinner) 曾強調，懲罰雖可造成行為停止，但往往伴隨副作用，包括逃避、反抗、焦慮與攻擊。若缺乏正向引導與情緒支持，懲罰容易讓孩子記得的是「我被羞辱」或「我不能被接納」，而非「我該如何做得更好」。

案例：越打越壞？被體罰的國小生

九歲的小宇因為在學校與同學衝突，被爸爸責打一頓，還關禁閉一天。表面上，小宇之後變得乖巧、聽話，但老師卻發現他開始不敢舉手發言、不敢下課找朋友玩，甚至經常說「我很爛」。

經由輔導介入與家庭諮詢，心理師指出，小宇的自尊心嚴重受損，原本的行為問題是因為社交技巧不足，懲罰不但無法教會他如何改善，反而讓他從自我價值的崩潰中出現更多逃避行為。

懲罰的五種心理副作用

(1) 行為僅表面改變：孩子可能因恐懼而壓抑行為，但並未真正理解原因或學會替代行為。

(2) 關係信任損壞：若懲罰過於嚴苛或缺乏說明，孩子會感受到「爸媽不愛我」，降低親子安全感。

(3) 情緒壓抑與反彈：孩子學會隱藏情緒、不敢表達需求，進而壓抑在其他行為中爆發（如說謊、暴力、逃避）。

(4) 模仿暴力與羞辱模式：孩子可能將懲罰內化為對他人的對待模式，將打罵視為解決問題的方法。

(5) 自我概念扭曲：反覆受到懲罰的孩子，容易形成「我是壞的」、「我不值得被愛」的信念。

如果不用懲罰，那要怎麼讓孩子學會？

有效教養的關鍵不在於控制，而在於引導。父母應該致力於建立一種清晰、穩定、有界線又具情感連結的管教方式，讓孩子理解「行為有後果」，但這個後果是為了幫助他成長，而不是羞辱與控制。

1. 自然後果法則

讓孩子直接經驗行為本身的自然結果，例如沒收拾玩具就找不到喜歡的東西，而不是立即被處罰。

2. 預先討論規則與後果

和孩子一起制定家中基本規範，並明確說明違規後果，讓孩子有參與與預期心理。

3. 情緒命名與反思時間

替代罰站或責備，可設計「冷靜角」，讓孩子表達情緒、思考行為後果。

4. 正向行為塑造

每次行為出現改善，立即給予正向回饋，強化孩子對「做好」的認知與動機。

5. 修復而非懲罰導向

與孩子一起討論：「這件事造成了什麼結果？我們可以怎麼修復？」將焦點放在學習與責任，而非處罰。

真正的教養，是幫助孩子學會選擇，而非逼他服從

孩子不是機器，不是只要輸入命令就會照做的人。他們有情緒、有理解、有主體性，也有建立價值觀的能力。當我們用懲罰讓孩子「閉嘴」、「停止」，看似暫時成功，卻讓孩子失去了成長的機會。

教養的本質，是讓孩子在錯誤中學習、在關係中修復。當我們願意用理解取代怒氣、用界線取代羞辱、用陪伴取代打罵，我們才能真正教會孩子如何與世界相處。

懲罰或許可以讓孩子安靜，但只有理解與引導，才能讓他們真正成長。

第五節
自我概念在孩子心裡怎麼長大

認識「我是誰」的第一步，來自你怎麼看我

「你怎麼這麼不專心？」「你好棒，媽媽最喜歡你這樣。」這些日常話語，其實正一點一滴地形塑著孩子對自我的認知，也就是心理學所說的「自我概念」（self-concept）。

美國心理學家卡爾·羅傑斯（Carl Rogers）認為，自我概念由三大元素組成：自我形象（我覺得我是怎樣的人）、自我價值（我覺得我有多好）、理想自我（我希望成為怎樣的人）。這些都在與重要他人的互動中逐漸發展，尤其是父母的回應、眼神、語言與期待，在孩子心中形成一面「我之鏡像」。

孩子的行為不只是外在表現，更是對「我有沒有價值」的內在回應。他們從父母的話語與態度中學會：「我是可以讓人喜歡的」、「我是常被否定的」、「我只能表現好才會被重視」—— 這些訊息長期下來，將深深影響孩子日後的自信、人際關係與自我接納能力。

案例：為了媽媽的肯定，他學會了否定自己

來自桃園的國中生小皓（化名），功課一向優秀，但只要考試成績略有下滑，他就會情緒崩潰。「我覺得自己一無是處，我媽媽一定覺得我沒用。」

他母親回應：「我從來沒這樣說過，我只是提醒他可以更努力。」然而，心理師發現，小皓從小被貼上「模範生」標籤，每次表現好都被全家誇獎，當成績沒達預期時，家中氣氛便明顯冷淡。這讓他形成了「我只能一直好，不能犯錯」的自我價值觀。

長久下來，這樣的孩子雖然表現亮眼，內在卻可能缺乏安全感與自我接納力。只要無法維持「優秀」的形象，便會出現自我否定、情緒崩潰，甚至失去探索自我與多元嘗試的勇氣。

自我概念健康發展的關鍵要素

1. 一致性的回應

當孩子表現好或不好時，父母能給出穩定的愛與關心，不將愛綁在成績或行為表現上。

2. 語言的框架效應

避免使用絕對性與標籤式語言（如「你怎麼那麼懶」、「你總是很棒」），改為行為導向（如「今天你好像有點沒精神，是不是累了？」）。

3. 允許多元樣貌存在

接納孩子有堅強也有脆弱的一面、有成功也有失敗的經驗，幫助他建構完整的自我圖像。

4. 鼓勵內在動機與自主評價

引導孩子說出「我為什麼喜歡這樣做」而非僅為討好大人，養成自我評價而非他人評價主導的價值觀。

5. 家庭氛圍的接納與尊重

創造能表達情緒、允許失敗、尊重差異的家庭文化，是自我概念健康成長的重要土壤。

父母是孩子的第一面鏡子

孩子會從我們怎麼看他、怎麼回應他、怎麼形容他，去建立「我是怎樣的人」。如果我們總是指出他的缺點，他將覺得自己不足；如果我們只在他表現出色時才給予關心，他將認為「我要表現完美才能被愛」。

相反地，當我們能看到他的努力、陪他走過挫折、願意聽他說而不是急著評價，那麼他將學會愛自己、相信自己，也更能勇敢面對外在世界的挑戰。

我們不用當完美的父母，但我們能成為孩子生命中那面溫柔而真實的鏡子，幫助他看見自己的價值、勇氣與光亮。

第六節
溺愛與忽視，是同樣傷人的兩極

太多，或太少，都讓孩子迷失方向

在教養的光譜上，溺愛與忽視雖位居兩端，卻都會對孩子的心理健康與人格發展造成深遠影響。前者讓孩子無法建立界線與責任感，後者則使孩子缺乏安全感與價值認同。這兩種看似對立的教養方式，其實有一個共通點：都忽略了孩子作為獨立個體的需要與尊嚴。

心理學家黛安娜．鮑姆林德（Diana Baumrind）將教養風格區分為四類，其中「溺愛型」（permissive）與「忽視型」（neglectful）都屬於低結構、不穩定或過度寬容與漠視的類型。這兩種教養雖有不同面貌，卻都未能提供孩子必要的引導、界線與情感支持。

案例一：媽媽什麼都答應，孩子卻什麼都不想做

小宇（化名）是國小四年級學生，媽媽為了彌補自己工作繁忙，對孩子幾乎有求必應，任何要求都答應、幾乎不設限。原本只是希望讓孩子感受到愛，沒想到小宇卻越來越任性、情緒化，甚至出現課業退步、不願配合老師指令等狀況。

經過學校輔導與家庭會談，發現這種無限包容讓小宇難以內化規範，他學不到挫折忍耐與責任感，反而在遇到限制時出現高度焦慮與抗拒。

案例二：爸爸總說「我很忙」，她學會了不說話

另一位國中女生小涵（化名），父母因工作忙碌，從小將她交給保母照顧，即使國中後也鮮少有深度溝通。每當她想分享心事，爸爸總說：「等一下，我很忙。」久而久之，小涵學會不說話、不表達，成績不錯卻極度缺乏自信，在同儕關係中常陷入自我懷疑。

心理師指出，這樣的忽視型教養使孩子缺乏情緒鏡像與自我價值支持，表面上獨立，實際上內在孤單與缺乏歸屬感。

溺愛與忽視的共通心理後果

(1) 自我界線模糊：過度溺愛讓孩子分不清「我能做什麼、該做什麼」，忽視則讓孩子不知道「我是否重要」。

(2) 情緒調節困難：無法學會適當管理情緒，遇到挫折容易過度反應或情緒壓抑。

(3) 依賴與逃避交錯出現：溺愛型教養易養成依賴性格，忽視型則可能導致逃避依附或人際疏離。

(4) 責任感與自主性缺失：缺乏適當界線與引導，讓孩子無法建立行為後果的意識，長大後在職場或關係中常面臨適應困難。

父母的角色，是穩定而可預測的支持者

心理學強調「一致性」與「可預測性」對兒童心理發展的重要性。孩子需要知道什麼是被允許的、什麼會有後果，也需要在表達情緒時被看見、在需要幫助時有人在場。

溺愛不是愛多一點，忽視也不是放手讓孩子學獨立。真正的愛，是適當介入與適度放手之間的動態平衡，是願意了解孩子的需要，也勇於提供界線與方向。

五個走出兩極教養的實踐方式

(1) 建立明確規範與自然後果：讓孩子清楚什麼行為有什麼後果，不用懲罰而是讓他體驗因果關係。

(2) 安排每日關心時間：即使再忙，每天至少留 10 分鐘全心陪伴與傾聽，讓孩子知道「我很重要」。

(3) 鼓勵孩子自己做決定：提供有範圍的選擇權，如「你想先寫國語還是數學？」訓練自主與判斷。

(4) 同理心與邊界並存：允許孩子表達情緒，同時溫和但堅定地設定行為底線。

(5)一致性的身教與言教：父母自己的情緒表達、責任實踐與人際態度，會成為孩子模仿的範本。

愛，是引導而非控制，是在場而非放任

孩子的成長，不該在過度介入或冷漠抽離中搖擺。我們需要的不只是「給多少」，而是「怎麼給」。當我們選擇以溫柔而堅定的方式回應孩子，我們不但給了他們愛，也給了他們界線、自主與信任的能力。

走出教養的兩極，就是讓愛成為穩定而有力的支持。

第七節　成為更好的爸媽之前，要先成為穩定的自己

親職的穩定感，從照顧自己開始

在現代的育兒文化中，許多父母深信「孩子為先」，將自身需求擱置一旁，日復一日投入於備餐、接送、功課指導與情緒陪伴等任務中。這種無私奉獻雖然來自愛，卻也可能在不知不覺中耗盡自己的心理資源。根據美國心理學家愛麗絲·米勒（Alice Miller）的觀察，「被忽略的自己」會以憤怒、疲憊或過度控制的樣貌回到親子關係中。

當父母缺乏自我照顧與心理調節的能力時，即便再多的技巧與教養知識，也可能因情緒過載而難以實踐。正如飛機上的安全示範：「氧氣罩要先幫自己戴上」，穩定的情緒狀態，是有效育兒的起點，而非奢侈品。

臺灣案例：壓力之下爆炸的溫柔母親

李太太（化名）是一位家庭主婦，育有一子一女。她原本脾氣溫和，但隨著孩子進入青春期，摩擦日增。有一次，兒子因為忘記交作業，李太太從輕聲提醒，轉為高聲怒吼，最後甚至摔門哭泣。「我根本不想罵他，我只是真的太累

了……」她在家庭會談中哽咽地說。

在心理師的協助下，她開始每天安排半小時的「自我回復時間」，做瑜伽、寫日記、與朋友聊天，學習釐清自己的壓力來源。幾個月後，她發現自己對孩子的反應變得柔和而清晰，孩子也開始主動分享生活細節，親子間的張力逐漸緩和。

父母穩定的五大心理效益

(1) 提供安全的情緒容器：穩定的父母能為孩子建立可依附的基礎，使孩子能在不確定中找到情緒錨點。

(2) 減少投射與誤解：當我們看見自己，就不會誤將內在焦慮投射到孩子行為上，也能更準確地理解孩子的需求。

(3) 建立正向的親子節奏：避免反覆的情緒爆發與冷處理，創造可預期與溫暖的互動節奏。

(4) 提升理解與接納力：穩定的內心讓我們更能聽懂孩子話語背後的情感訊號，而不是急於矯正行為。

(5) 示範健康的情緒處理模式：當孩子看見大人如何處理焦慮、疲憊與憤怒，他們也會內化這種處世之道。

父母也需要心理營養與支持系統

心理學家瑪莉亞 · 波帕娃 (Maria Popova) 說過：「教養的本質是關係，而非任務。」這句話點出了一個重要觀念：父母也是需要被照顧的個體。

過去傳統觀念鼓勵父母「忍耐」、「犧牲」，但這樣的思維只會讓壓力累積而成為親子衝突的導火線。當父母能意識到自己的情緒限制，願意求助、願意停下來照顧自己，不但會為自己騰出呼吸的空間，也為孩子示範了自我關愛與情緒管理的範本。

支持系統不一定需要專業，可能是一位願意傾聽的伴侶、可以安心吐苦水的朋友，甚至是一場定期的靜心課程或閱讀時光。

建立心理穩定的七個實踐方式

1. 設立「個人專屬時間」

每天固定 10 ～ 30 分鐘做自己喜歡的事，像是散步、泡茶、看書，恢復心理能量。

2. 練習情緒命名與書寫

每天用三個詞形容當天的情緒變化，幫助自己釐清內在狀態，減少情緒累積。

3. 規劃每週身心照顧計畫

如安排運動、按摩、冥想或與好友聚會，養成「照顧自己是日常」的觀念。

4. 建立支持對話機制

與伴侶或信任的家人定期討論教養壓力，尋找彼此協助的可能與空間。

5. 說出「我需要幫助」的勇氣

打破父母不能示弱的迷思，向家人、朋友或專業人員求助，是一種成熟與自我負責。

6. 設立「情緒冷靜區」給自己

在家中設置一個可以短暫離開現場、回復情緒的空間，如同「大人版冷靜角」。

7. 使用心理工具或諮商資源

如情緒記錄 App、正念練習、心理諮商，讓自我調節成為有系統的練習。

最穩定的陪伴，是從看見自己開始

在育兒這條路上，我們無法時時完美、處處到位。但我們可以選擇看見自己、接住自己，從中獲得力量，再回到與孩子的關係中，給予更有品質的在場與愛。

孩子不需要完美無瑕的父母，他們需要的是一個有情緒、會累、會修復自己，並願意修復關係的大人。

當你願意說：「我今天不太好，但我在學著好好照顧自己」，這本身就是一種教養。也是孩子學會如何面對自己、愛自己的起點。

你若安好，孩子的世界才會有安全的根基。從穩定自己開始，就是最深遠的愛。

第九章
當情緒被壓下，身體會記得

第一節
情緒不是麻煩，而是訊號

情緒的誤解：從「麻煩」到「有用」

在多數成長經驗中，情緒常被視為一種問題。從小我們可能就被教導要「控制情緒」、「不要哭」、「不能發脾氣」，於是許多人從幼年就養成一種思維：情緒是應該壓抑的，是不成熟的象徵。然而，根據美國心理學家保羅．艾克曼（Paul Ekman）的情緒理論，情緒其實是一種快速演化出來的警示系統，是我們用來適應環境、保護自己的工具。換句話說，情緒不是「錯誤」，而是「訊號」。

情緒在心理學上被定義為一種複合的心理與生理狀態，包含了主觀經驗、生理反應以及行為表現。當你感受到害怕時，心跳加快、肌肉緊繃，這是一種身體為了自我保護而產生的反應；當你感到憤怒時，那種能量讓你為自己的權益發聲，這是一種信號，告訴你：你的界線可能被侵犯了。

情緒從來都不是問題，問題出在我們對情緒的誤解與排斥，使得訊號被壓下，失去了被辨識與處理的機會。

案例一：壓抑的情緒如何轉化為身體症狀

某大型科技公司的女工程師林韻如（化名），因為長期承受主管情緒性管理與晉升壓力，出現了嚴重的偏頭痛與腸胃不適，但在健檢報告中卻找不出明顯病因。她一開始以為自己只是「太忙、太累」，直到某次在與主管開會後突然暈眩倒下，才開始尋求心理協助。

經由心理師的陪伴與探索，她才意識到自己壓抑了大量的情緒 —— 她從不敢表達對主管不合理要求的不滿，也無法在與同事競爭時說出自己的需求。這些「不能說的情緒」長期積壓在身體裡，轉化成慢性壓力與自律神經失調的症狀。最終，她透過心理治療建立了情緒表達與界線設定的能力，頭痛也隨之明顯減緩。

此例清楚說明情緒不只是心裡的事，而是身體會記得的訊號系統（Van der Kolk, 2014）。當我們無視、壓抑情緒，身體會替我們發聲。

情緒是訊號，不是指令

很多人誤以為「有情緒就要行動」，但這其實是對情緒的誤解。心理學家羅素（James A. Russell）提出的情緒圓模型（Circumplex Model of Emotion）指出，情緒其實是能量與評價的組合，有些高張力但正向（如興奮）、有些低張力但負向（如沮喪），我們可以透過覺察這些訊號，選擇是否要採取行動。

舉例來說，當你在與伴侶爭吵時感到憤怒，這個憤怒是訊號——它提示你某個需求未被滿足，也可能暗示你過去未解決的情感創傷被觸發了。這不代表你應該立刻大吼或離開關係，而是可以退一步反思：「這個情緒想讓我知道什麼？」情緒不是命令你行動，而是邀請你理解自己。

情緒的功能：內在導航系統

根據羅伯特・普拉奇克（Robert Plutchik）的「情緒輪」理論（Plutchik, 2001），每一種基本情緒都有其演化上的功能：

- 恐懼讓我們避開危險
- 憤怒促使我們保護自身利益
- 悲傷幫助我們整合失落經驗
- 喜悅促進人際連結與合作
- 驚訝提醒我們重新評估情境

這些基本情緒若被忽略，等於關掉了我們內心的導航系統，容易在職場、家庭或親密關係中迷失方向。例如：當你感到長期的疲倦與無力，這可能是「情緒倦怠」的信號，而非單純的體力問題。如果這時你選擇持續硬撐、忽視內在的警告訊號，最終可能導致情緒崩潰或身心失衡。

國際案例：醫護人員的情緒耗竭

疫情期間，許多國家的醫護人員都經歷了情緒耗竭（emotional exhaustion）。根據 2021 年的一項調查，在英國國民保健署（NHS）中，有超過 40%的前線護理人員表示出現情緒過勞與身體症狀，包括失眠、焦慮、記憶力下降與慢性疼痛（Greenberg et al., 2021）。這些醫護人員表示，他們被訓練成「不能哭、不能怕」，久而久之就失去了對情緒的感知與處理能力，只剩下「功能性存在」。

這也讓我們再次看見：情緒若不被承認與理解，就會成為身心耗竭的根源。

認識與接納情緒的第一步

現代心理學強調「情緒覺察」是心理韌性的起點。根據《情緒覺察量表》（Emotion Awareness Questionnaire, Rieffe et al., 2008），能夠覺察並命名情緒的人，較容易應對壓力，也較不容易陷入過度反應或自我責備中。

那麼，我們可以如何開始這樣的訓練？以下是三個簡單但有效的實踐方式：

1. 每日三問：我現在感覺如何？這個情緒是來自什麼？我需要什麼？

每日寫下這三個問題的回答，有助於釐清情緒與需求的關聯。

2. 將情緒寫下來，而非僅用「好」與「不好」概括

例如：「我感到焦躁不安，因為會議中沒有被聽見。我其實希望獲得被重視的感覺。」

3. 用身體感受辨識情緒

情緒往往先出現在身體中，例如肩膀緊繃、胃部不適、呼吸急促。將注意力放在身體，也能幫助辨識尚未意識到的情緒。

心理學的再定位：情緒不是敵人，而是盟友

精神醫學之父佛洛伊德（Sigmund Freud）曾說：「未被表達的情緒不會消失，它們只會在未來以更糟的形式出現。」這句話至今仍具警世意義。在職場、家庭與個人生命歷程中，情緒是我們的雷達，而非絆腳石。

當我們重新賦予情緒以價值，將它視為導航，而非干擾，我們就有機會從「情緒壓抑」的文化中解脫出來，活出更有彈性與真實的心理狀態。

認識情緒的真義，是心理健康的起點

當我們理解情緒其實是「內在資訊系統」的一環，不再將它視為麻煩，而是關鍵的溝通訊號，我們便能在人際關係、壓力管理與自我探索上展開轉化之旅。壓抑情緒不會讓問題消失，反而可能讓我們離內在真實更遠。從今天開始，讓我們學會傾聽那個在內心深處發聲的自己。

第二節
傳染情緒的你我他：情緒共振現象

情緒可以「傳染」嗎？

在一群人之中，如果有一人忽然大笑，其他人也會不自覺地笑出來；若在電梯裡感受到一人滿臉怒容，整個空間都會顯得緊張。這並不是巧合，而是心理學中所謂的「情緒共振現象」(emotional contagion)，也被稱為情緒傳染效應。它指的是一種人與人之間無意識中模仿與吸收他人情緒的過程，是社會互動中極為普遍但容易被忽略的心理機制。

社會神經科學家喬凡尼·弗契多(Giovanni Frazzetto)指出，情緒共振現象源自於我們的鏡像神經元系統(mirror neuron system)。當我們看到他人情緒性表情時，例如皺眉、微笑或哭泣，我們的大腦會模擬對方的情緒狀態，使我們在未加思索的情況下也產生相似情緒反應。這種機制不僅有助於情緒理解，也為同理心提供生物學基礎。

案例一：醫院急診室的集體焦慮

某家醫學中心急診室接連處理多起重大傷患事件，導致現場氛圍持續處於高度緊繃狀態。護士們即使在下班後仍難以入眠，心跳加速與情緒低落成為普遍現象。醫院後來請來心理師進行團體心理衛生教育，才發現這是一種由於長期暴露於病患與家屬焦慮情緒中所引發的集體情緒共振現象。透過團體對話與壓力辨識練習，員工逐步學會將他人的情緒與自身經驗區隔，恢復情緒自我調節能力。

這個案例顯示情緒共振不僅存在於家庭或朋友之間，在高壓環境中的職場也是重要發生場域，尤其在情緒性勞動（emotional labor）強度高的職業如醫護、客服與教育工作者中更為明顯。

情緒共振與關係動態

根據哈特菲爾德（Elaine Hatfield）等人的理論，情緒共振與人際連結的親密程度呈正比，越親近的人之間，越容易產生情緒互相影響的現象。例如在親密伴侶關係中，一方的焦慮情緒往往會迅速傳遞給另一方，引發連鎖反應。這也是為什麼有些情侶在彼此壓力大的時候，容易一起陷入焦躁、猜疑甚至衝突。

這種現象在親子關係中也特別常見。當家長無法有效處理自己的情緒時，孩子會接收到無形壓力，導致退縮或過度警覺。

正向與負向情緒的傳染

情緒共振並不總是負面經驗。正向情緒同樣會傳染。例如在一個氣氛輕鬆愉快的團隊中，成員更容易彼此激勵與互助，工作效率與創造力自然提高。哈佛商學院研究指出，領導者若能穩定地展現正向情緒，有助於團隊成員建立信任與心理安全感。

然而，正向情緒的傳播效率通常不如負向情緒。負向情緒往往因生理與心理的高度警覺反應而更具感染力，這也使得一位高壓管理者或情緒失控的主管，可能讓整個團隊陷入焦慮與自我保護狀態，進一步影響團隊表現。

如何回應情緒共振？

面對情緒共振現象，我們並不需要完全與他人情緒切割，反而應該學習「同理但不混淆」。以下是幾項具體策略：

- 建立內在情緒界線：練習將「這是對方的情緒」與「這是我的情緒」做出區別，可以透過寫情緒日記或心理冥想來強化內在界線意識。
- 使用情緒語言清晰表達：當察覺自己受到他人影響時，可說出：「我感覺這樣可能是因為我們今天都太疲累了。」讓情緒被明確地標示出來，有助於降低模糊感造成的焦慮。

◈ 短暫離場或暫停互動：當情緒張力過高時，允許自己離開現場幾分鐘，進行深呼吸或身體活動，可幫助情緒自主恢復。

情緒共振是人際敏感力的表現

從演化觀點來看，情緒共振是一種人類群居本能，有助於我們在團體中辨識危險、促進合作與互助。它是一種「社會雷達」，讓我們快速察覺環境中的情緒氛圍。但若未加以辨識與調整，也可能成為心理負擔的來源。

唯有當我們能察覺自己的情緒來源，理解與他人之間的界線與共鳴，我們才能真正活出情緒的自由，而非被他人情緒綁架。情緒共振不是必然的災難，而是一種可以被理解與駕馭的人際現象。

第三節
你真的在「控制情緒」嗎？

控制情緒的文化期待與誤區

「冷靜一點」、「別那麼激動」這些話語，在我們的日常生活中經常出現。社會長期以來對於情緒的期待，多傾向於壓抑、冷靜與隱藏，尤其是在職場與家庭中，負面情緒往往被視為失控或不成熟的表現。然而，這種將「控制情緒」等同於「壓抑情緒」的觀念，往往導致更深層的心理困境。

心理學家丹尼爾·高曼（Daniel Goleman）在其暢銷著作《EQ》（*Emotional Intelligence*）中提出，真正的情緒管理，不是讓情緒消失，而是學會理解與引導情緒，並從中發展出與自己和他人更有效的互動方式。也就是說，「控制」不是強壓，而是選擇如何表達與應對。

案例一：壓抑與過度理性帶來的崩潰

林書昀（化名）是某科技公司行銷部主管，向來以冷靜理性著稱。她善於分析問題，從不在會議中展現焦慮或不滿，即使在面對上級不合理指令時，也總是選擇服從並自行消化。直到某天她在家中情緒失控，對家人大吼大叫，自己也驚訝不已。她因此接受心理諮商，才發現長期以來她所謂的「情緒控制」其實是「情緒否認」，使得壓力像堤防般累積，終於潰堤。

心理師協助她辨認情緒出現的時間點，學習在日常中適當釋放壓力，並練習非攻擊性的情緒表達方式。幾個月後，她不僅改善與家人的關係，也開始在職場上更真誠地反映自身感受，反而提升了團隊溝通效率與信任度。

情緒調節的科學基礎

心理學家詹姆斯．格羅斯（James Gross）將情緒調節（emotion regulation）定義為「影響我們何時經驗情緒、如何經驗與表達情緒的過程」。他的情緒調節模型指出，個體可以在情緒生成的不同階段採取策略，如：

- 情境選擇：避免或尋求特定觸發情緒的環境；
- 注意轉移：將注意力從情緒來源轉移；
- 認知重評：改變對事件的解釋方式；
- 反應調整：如深呼吸、運動等抒發方式。

其中，認知重評被廣泛證實能有效降低負向情緒的強度，也最不容易導致後續的心理代價。

控制還是逃避？你的身體知道答案

有些人聲稱自己「不太有情緒」，但這通常不是真正的情緒穩定，而是自我感知的麻木。2023 年的一項研究顯示，習慣性情緒壓抑者在進行壓力任務時，其心跳與皮膚導電反應比一般人更高，顯示身體其實承受著更大的壓力，只是意識層面未察覺。

這也說明，「情緒控制」若只是表面穩定，而非內在整合，其實更容易導致身心失衡。身體不會說謊，它會透過失眠、肌肉痠痛、胃部不適等形式，將被壓抑的情緒釋放出來。

案例二：從衝動到自主的練習歷程

陳建翰（化名）是一位國中體育教師，曾因學生頂嘴而在課堂中怒吼，事後感到懊悔。他開始反思自己的情緒管理能力，並接受正念減壓（Mindfulness-Based Stress Reduction, MBSR）課程。透過練習呼吸觀察與非評價思維，他學會在情緒來臨時多停留一秒，辨認自己的觸發點。

他說：「我不是不生氣了，而是我知道氣在哪裡，然後選擇用不同方式處理。」這種內在的自主感，才是真正有效的情緒控制。

真正的控制，是與情緒共處

情緒不是敵人，而是內在經驗的一部分。當我們將控制視為與情緒搏鬥，就永遠處於輸贏與壓抑的輪迴；但當我們學會與情緒對話，就能從中提取訊息與行動力量。

心理治療師塔拉·布萊克（Tara Brach）指出：「情緒的來訪，如同客人，是為了帶來某種信息。驅趕它，只會錯失覺察的契機。」換言之，最強大的情緒控制，不是壓下去，而是接得住。

學習情緒調節，是一種自我照顧的行為。當我們能夠在情緒中穩住自己，不逃避、不爆發，便是走向心理成熟的重要里程碑。

第四節
憂鬱不是軟弱，是長期忍耐的後果

忍耐文化下的隱性情緒

在臺灣的文化語境裡，「忍耐」被視為一種美德。「不要那麼玻璃心」、「吃苦當吃補」等語言早已深植人心，讓我們學會將不滿、痛苦、甚至悲傷壓抑在心裡。這種社會期待造就了一種「靜默的痛苦」，也為憂鬱情緒的潛伏打下了土壤。

精神科醫師指出，許多來求診的憂鬱症患者在症狀爆發前，往往是長期處於高壓與高期待的狀態。他們不見得脆弱，也不代表缺乏意志力，反而通常是責任感極強、不願麻煩別人、甚至過度理性的那一群人。

案例一：高功能憂鬱的隱形傷痕

吳怡婷（化名）是一位三十歲的科技業產品經理，平時表現出色、談吐穩重，從未讓人察覺異常。然而某天她卻在辦公室中突然昏倒，被送醫後並未查出明確生理原因。經過心理諮商後，她才承認已連續三個月無法正常入睡，經常無來由地落淚，甚至對未來感到絕望。原來，她長期承受跨國專案的壓力，同時還要照顧失智的父親，但卻從未向身邊任何人透露一絲困難。

這類型的個案在臨床上被稱為「高功能憂鬱」（high-functioning depression），即使在外在表現上毫無異樣，但內在早已瀕臨崩潰邊緣。這正是長期忍耐、不表達情緒所導致的惡果。

壓抑情緒的心理與生理代價

根據世界衛生組織的數據，憂鬱症已成為全球導致失能的首要原因之一。長期的情緒壓抑會對腦部造成影響，尤其是海馬迴（負責記憶與情緒調節）與前額葉（負責自我控制與決策）功能的降低，導致人更難自我調節與從負面情緒中恢復。

此外，壓抑的情緒也會透過身體表現出來，例如慢性疲勞、消化不良、自律神經失調與免疫力下降，這些身心症狀往往是被忽略的第一道警訊。

案例二：從微笑憂鬱到求助之路

林瑞峰（化名）是一位補教業名師，學生眼中他總是笑容滿面、談笑風生，但在回家後他卻陷入無盡的空虛與自責。他認為身為「榜樣」不能展現脆弱，久而久之將情緒深埋心中，甚至產生過自我了斷的念頭。

直到有次他在網路上讀到一篇關於「微笑憂鬱」（smiling depression）的文章，才終於願意走進心理諮商室。他說：「我以為自己只是在撐，沒想到我其實一直在求救，只是方式錯了。」透過長期心理治療與團體支持，他逐步重建情緒表達的能力，也學會允許自己在適當的時候說出「我不行了」。

情緒表達不是示弱，是自我關照的開端

心理學家布芮妮．布朗（Brené Brown）主張，脆弱（vulnerability）不是弱點，而是連結與療癒的通道。當我們勇於承認自己的痛，才有機會尋求資源與支持。反之，壓抑與否認，只會讓情緒如地底的岩漿般積壓，終有一天以最劇烈的方式爆發。

近年來，「情緒素養」（emotional literacy）被越來越多學校與企業納入訓練項目。能夠辨識、命名與表達情緒，是心理健康的重要能力，尤其在高壓生活環境中，更是預防心理崩潰的關鍵機制。

憂鬱，是心靈對過度忍耐的反撲

我們應該重新理解憂鬱的訊號：它不是懦弱，也不是「想太多」，而是內在累積已久的疲憊與悲傷終於無法再壓抑的呼喊。這是一種求助的語言，而非羞恥的標籤。

若能在情緒初現時就給予理解與空間，或許我們就不必走到崩潰的邊緣。學會聽懂內心的低語，也是在這個高壓社會中，與自己和好的一種方式。

第五節
如何從焦慮中學會與自己對話？

焦慮是一種未說出口的對話邀請

焦慮，是現代人最熟悉卻最難處理的心理狀態之一。它如影隨形，從清晨醒來的心悸，到深夜輾轉難眠的思緒，幾乎無處不在。心理學上，焦慮指的是一種預期未來威脅的情緒反應，它不同於恐懼（fear），恐懼對象通常具體明確，而焦慮則更多來自不確定性與失控感。

然而，我們對焦慮的第一反應往往是壓下它、躲避它，甚至責備自己「怎麼又焦慮了」，但焦慮其實是內在心靈提出的一個問題：「我現在最需要什麼？」如果我們願意放慢腳步聆聽，焦慮將不再是敵人，而是一場重要的自我對話開端。

案例一：焦慮型完美主義者的自我解放

黃佳純（化名）是一位公關公司的資深企劃，外界眼中她總是自信又果斷，但其實她每天都要花數小時檢查簡報細節，深怕出錯會讓客戶失望。久而久之，她出現失眠、心悸與食慾不振的症狀，被診斷為焦慮症。

在接受心理諮商過程中，諮商師沒有急著「解決」她的焦慮，而是引導她觀察自己的焦慮模式，並嘗試問自己：「我這麼努力，是在為誰證明什麼？」、「如果我沒做到最好，會發生什麼？」

透過這些提問，她逐漸發現焦慮背後是童年來自父親的嚴格期待，而這份期待她從未質疑，只是一再服從。當她開始與焦慮對話，而不是逃避它時，她不再為每個細節失眠，也能更清楚劃分努力與自我價值之間的界線。

焦慮的認知結構：自動化思維與核心信念

根據認知行為治療（CBT）理論，焦慮往往與一連串自動化思維（automatic thoughts）有關，例如：「我做不好就完了」、「大家一定會失望」等。這些思維往往來自更深層的核心信念，如：「我要完美才值得被愛」、「我不能讓人失望」等。

若我們不去辨認這些信念，它們就會在潛意識中強化焦慮迴路。與焦慮對話的第一步，就是辨認那些自動跑出來的念頭，並且用好奇而非批判的態度與它對話：

- 「我現在腦中跳出的想法是什麼？」
- 「這個想法是事實還是預測？」
- 「如果這件事真的發生，我有能力應對嗎？」

這些提問能打破焦慮與事實的混淆，也讓我們逐漸回到內在主控權。

案例二：從身體出發的覺察練習

陳奕宏（化名）是一位剛進入職場的新鮮人，總是在簡報前感到胃痛與冒汗。他以為自己只是「體質問題」，直到有次在正念工作坊中學到「身體掃描」練習，才開始意識到自己的焦慮其實早在身體就出現了。

透過將注意力帶回身體、觀察肩膀緊繃、呼吸急促，他學會將這些感受視為內在訊號，而非故障。他開始每天早上花五分鐘進行靜坐，記錄身體感受與情緒變化。幾週後，他驚訝地發現，光是練習「陪伴」自己的焦慮，就讓他在簡報前能更穩定發揮。

這說明與焦慮對話，不一定要從語言開始，身體感受本身就是一種深層的訊息管道。

與焦慮共處的實用策略

(1) 建立「情緒空間」：允許自己每天有 10 分鐘與焦慮共處，不逃避、不解釋，只是觀察與書寫。這能降低焦慮的壓迫性。

(2) 挑戰災難化思維：列出焦慮中的最壞情境，並書寫應對方案，讓焦慮具體化、可行化。

(3) 與信任的人對話：將焦慮說出來，可以讓我們從「內在旋轉」中跳出，獲得他人視角與支持。

(4) 善用專業資源：若焦慮已影響生活功能，尋求心理師協助，是一種成熟與負責的表現。

焦慮是內在自我保護的信號

許多人以為焦慮是「壞東西」，但實際上它是一種保護機制，提醒我們有什麼尚未處理的議題、尚未認清的期待。焦慮不是失控，而是一種訊號。

當我們願意不再責備焦慮、不急著擺脫它，而是學會「坐下來聊一聊」，我們便能從焦慮中學會深刻的自我理解。焦慮，是你靈魂在說話，只是我們過去不曾給它機會說完。

第六節
被勒索的情緒：職場與家庭的隱性壓力

情緒勒索是什麼？

「你怎麼可以這樣對我？」、「如果你真的在乎，就不會拒絕我」，這些話語或許你耳熟能詳，甚至來自你最親近的人。這類語言不見得具攻擊性，卻在無形中讓人感到壓力與罪惡感，這就是心理學上所說的「情緒勒索」（emotional blackmail）。

情緒勒索指的是一種以情感為籌碼的控制策略，操作者會用恐懼、義務感與內疚（FOG: Fear, Obligation, Guilt）等情緒手段，讓對方屈從其期待。這種互動模式表面上看似關心，實則是一種隱性操控，長期下來極易導致焦慮、內疚與自我價值感的削弱。

案例一：主管的「關心」與隱性控制

許彥文（化名）是一家中型企業的專案經理，經常因為下班後接到主管的 LINE 訊息而不得不在深夜回覆。某次他拒絕臨時加班時，主管說：「我一直很看好你，沒想到你讓我失望了。」這句話讓他內疚數天，最終還是回去加班。

在心理諮商中，他逐漸察覺，這種「不明說但你知道我不開心」的溝通方式，其實讓他失去了界線，也逐步耗盡了他的心理資源。透過界線建立與溝通技巧的訓練，他學會以不帶情緒的方式回應主管的暗示，也重新找回了下班後屬於自己的生活。

情緒勒索往往不只在家庭中存在，職場中也常見其隱性形式，特別是權力不對等時，對下屬的「關心」有時可能包藏控制意圖。

情緒勒索與家庭角色的糾纏

在家庭關係中，情緒勒索常常被誤以為是「親情的義務」。例如：「你要是不聽話，就不是我們家的人」、「你這樣讓媽媽很傷心」。這些語言潛藏的是將個人選擇與情感責任綁在一起，讓個體無法自由地做決定。

2022 年一項針對成年子女與老年父母的訪談研究指出，情緒勒索在親子互動中的普遍性高達七成，尤其以「替對方著想」為名的控制最難察覺。許多子女內心明知不願意，卻無法拒絕，最終導致自我耗竭。

這也說明，情緒勒索最可怕之處，不在於對方惡意明顯，而在於它往往包裝在愛與責任之中，讓人難以識破。

案例二：親情中的無聲壓力

王珮瑜（化名）是一位獨生女，父親退休後情緒起伏大，經常在電話中訴說自己的孤單與失望。有次她因工作繁忙未能及時接聽電話，父親傳來：「妳是不是覺得我老了就沒用了？」她內疚到晚上失眠，隔天請假回家陪伴。

雖然她心中明知父親其實只是孤單，但每一次「不接電話」都成了對愛的背叛。經過心理師協助，她學會以誠實又有界線的方式表達自己的需求，例如：「我知道你有很多感受，我也需要好好休息，明天中午我們可以好好聊。」這樣的調整不但讓她身心輕鬆，也讓父女關係更健康。

如何辨識與因應情緒勒索？

1. 辨認 FOG 訊號（恐懼 Fear、義務 Obligation、罪惡感 Guilt）

當你做某件事是出於「怕讓人失望」、「覺得對不起」、「好像非做不可」，請停下來自問：這是我真正的選擇嗎？

2. 練習延遲反應

面對情緒勒索，不必立即回應。可以說：「我需要想一想再回答。」給自己時間釐清情緒與界線。

3. 以我為主的溝通

使用「我感覺……」而非「你怎麼可以……」，避免進入指責與防衛循環。

4. 強化心理界線

界線不是拒絕他人，而是保護自己。可透過書寫界線清單、練習說不，來強化內在自我。

5. 尋求支持系統

情緒勒索常讓人自我懷疑。和信任的朋友或心理師討論，有助於釐清事實與感受。

情緒不是勒索的籌碼，而是溝通的橋梁

真正健康的情感關係，應建立在自由與尊重之上，而非恐懼與罪惡感的交換。當我們學會辨識勒索與關懷的界線，也就有能力重建關係的對等與真誠。

情緒可以是理解彼此的橋梁，但當它被用來操控、施壓，就不再是真正的情感，而是一種關係的剝奪。我們需要的，不是委屈求全的忍耐，而是誠實有界線的互動，這正是現代心理韌性的重要課題。

第七節
建立心理界線的練習

為什麼我們需要心理界線？

在日常生活中，許多人對「界線」這個詞感到陌生，甚至抗拒，認為那代表自私、冷漠或是推卸責任。然而，心理界線其實是自我保護與人際健康的核心。它讓我們清楚知道，自己在哪裡結束、他人從哪裡開始。心理學家內德拉·格洛佛·陶華（Nedra Glover Tawwab）指出，界線是健康關係的基石，沒有清楚界線的關係，最終往往會走向壓力堆積、情緒耗竭，甚至彼此怨懟的破裂結果。

界線不只是「說不」這麼簡單。它涵蓋了對自身需求的覺察、對他人期望的過濾、對生活責任的分界、對情緒反應的歸屬與尊重。當我們能夠有意識地設立心理界線，不僅能保有在關係中的自由與安全，也讓我們更誠實地活出真實的自己。這樣的界線也不是拒人於千里之外，而是讓對方知道，該如何健康地與我們互動。

案例一：總是答應的妳，其實內心委屈

楊品潔（化名）是家中排行老大的長女，從小就被教導要懂事、體貼、要成為榜樣。工作穩定、收入穩定的她，也自然成為家族中的主要支柱。每當家中有困難，無論是金錢上的援助或是家務上的分擔，家人總是理所當然地期待她「伸出援手」。她從不說不，甚至從不讓自己有懷疑的空間，但她的內心卻悶悶不樂，累積了極多的委屈與壓力。

某次在公司被臨時要求替同事代班時，她依舊反射性地答應了，當晚卻在回家途中情緒崩潰，淚流不止。在心理治療中，她才首次正視自己其實從未真正學會設立界線。她總以為「不幫忙就不孝」、「說不就是壞人」，但這些內化信念早已讓她逐漸失去自我。學會設定界線後，她首次拒絕弟弟要求借錢，也學會對工作負擔說不。那一刻她感受到的不是罪惡感，而是一種久違的平靜與完整感。

心理界線的五個層次

根據臨床心理師安妮．凱瑟琳（Anne Katherine）的劃分，心理界線不僅是抽象的心理概念，它可以被具體區分為五種層次，每一種都有其獨立的重要性與實踐方式：

- 物理界線：與身體接觸與空間有關，例如「我不喜歡被突然拍肩膀」，或「我需要一些獨處的空間」。

- 情緒界線：與情緒責任歸屬有關，例如「我可以同理你，但這是你的情緒，不是我的責任」。
- 時間界線：與時間安排與利用有關，例如「我願意幫忙，但只能一小時，因為我也有自己的計畫」。
- 能量界線：與心理與生理能量的分配有關，例如「我今天需要休息，暫時不想社交」。
- 價值觀界線：與個人信念與價值系統的保護有關，例如「我不會參與這樣的玩笑，因為那違反我的原則」。

這些界線並不是絕對僵化的，而是可以隨著情境與關係動態調整與重新談判的彈性結構。重要的是，我們是否能意識到哪些是我們真正需要的保護，並有勇氣站出來守住那些邊界。

案例二：主管如何劃出清晰界線

林志昇（化名）是一位中階主管，過去總是以「責任感」之名對團隊付出。他習慣凡事親力親為，面對同事的困難總是第一時間接手處理。他以為這樣的帶人方式能激勵團隊，也能展現領導力，結果卻是自己長期處於情緒過勞狀態，且團隊的依賴性與被動性越來越高。

某次參加領導力課程時，他聽到講師提到：「領導者最該做的，不是承擔所有，而是協助團隊學會自負責任。」他開始反思自己是否過度跨越了角色的界線。於是他開始練習設立任務分界、建立明確回報機制，也學會把支持同仁與讓同仁成長之間找到平衡點。

初期團隊成員確實感到不習慣，甚至出現抗拒，但幾個月後，團隊的自主性與效率明顯提升，林志昇也重新找回自己作為主管的節奏與平衡。他說：「界線不是疏遠的牆，而是讓彼此站得穩的地基。」

如何開始練習心理界線？

1. 自我覺察

每日記錄一到兩次你感到不舒服、被冒犯或超出負荷的互動，嘗試辨認是否與界線模糊有關。

2. 練習說不的語言

從簡單的拒絕開始，例如：「謝謝你的邀約，但我今天想早點休息。」用尊重但清晰的語言建立邊界。

3. 設定具體條件與範圍

若你願意協助，可說明具體方式，例如「我能幫你看第一部分的報告，但後面的你要自己完成」。

4. 保持一致與不內疚

說出界線後可能會產生罪惡感，提醒自己：你的拒絕不是拒絕一個人，而是保護自己的選擇。

5. 尋找支持資源

與值得信任的朋友、夥伴或心理師討論你設立界線的嘗試，他們的回饋能幫助你建立更強的內在信念。

界線，是讓關係得以呼吸的空間

當我們在人際關係中不斷壓縮自己的空間，只為了滿足他人的期待，我們所建構的關係其實是基於壓力而非互信。界線，不是讓人退後，而是讓彼此能站穩，互相看清，真實相處。

心理界線的建立，不只是為了保護自我，它也是一種對他人的尊重與提醒：我願意與你靠近，但我也需要完整的自己。你不需要討好所有人，你只需要清楚自己的界線，並堅定地活在其中，這樣的你，才是穩定、溫柔而自由的。

第十章
修復，不是解決，而是重新選擇

第一節　為什麼我們都在撐？現代生活的心理結構

撐住的日常，其實是一種慢性壓力

現代人常把「撐著」當作一種習慣，甚至變成生活的常態。面對來自職場的績效壓力、家庭的情緒責任、人際的社交期待，以及自我內在對「成功」與「有價值」的焦慮，我們的日子常常不是在活著，而是在撐著過。這樣的狀態或許表面看起來一切如常，但實則是一種慢性的心理壓力過載。

心理學家漢斯．薛利（Hans Selye）曾指出，壓力本身並非全然有害，適度的壓力甚至有助於激發行動力。然而，若壓力長期無出口、無支持，也沒有被看見與理解，就會轉化為慢性壓力症候群，導致情緒耗竭、身心失衡，甚至影響免疫系統與腦部功能。

案例一：忙碌母親的日常崩潰

張宛如（化名）是一位在職媽媽，白天在律師事務所擔任助理，晚上回家照顧兩個學齡前孩子。她每日作息緊湊，幾乎沒有自己的時間，丈夫長期出差，長輩也無法協助育兒。她從不向外求助，內心告訴自己：「我應該撐下去，因為這是我的責任。」

直到有一天，在孩子的幼兒園通訊簿中被老師寫下「媽媽最近情緒很緊繃」後，她才開始意識到自己的狀況。在接受心理諮商後，她才首次承認自己長期處於壓力過高的狀態，也從來沒有真正被允許「停下來喘口氣」。

這個案例突顯了現代生活中，許多人把「撐住」當成一種責任的表現，而非警訊。實際上，那些撐著的人，不是更堅強，而是更孤單。

社會結構如何強化「不能倒下」的信念？

現代社會的價值觀高度競爭，強調效率與表現，使得「努力」、「撐住」、「不抱怨」成為被讚賞的特質。學校制度提倡標準化成績、職場文化鼓勵加班與超時投入、家庭角色要求情感付出而無回報，種種文化結構共同形塑出一種「不能倒下」的心理結構。

特別是女性與年輕世代，在社會期待中承擔雙重壓力：既要能幹、又要溫柔；既要上進、又不能抱怨疲累。這些交疊的角色期待，使得他們更容易在無聲中承受心理耗損。心理學家厄文．高夫曼（Erving Goffman）曾提出「角色擺設」（role performance）的概念，強調人在社會中為了維持角色形象，往往犧牲真實感受。

案例二：優秀大學生的情緒坍塌

廖偉翔（化名）是頂尖大學的資工系學生，成績優異、積極參與社團與實習機會，外界對他評價極高。然而，他在某次期中考後突然停學，家人與朋友錯愕不已。原來，他長期處於壓力崩潰邊緣，無法睡覺、暴飲暴食、甚至有輕生念頭，但他從未對外表達，只是不斷「撐著」與「再加油」。

在休學期間，他接受心理諮商，才學會辨認自己的情緒與身體警訊，也開始學習將「脆弱」視為一種真誠，而非失敗。他說：「我以前以為情緒是敵人，現在知道，原來它們一直在提醒我，該停下來了。」

如何走出「撐住文化」？

(1) 承認「我也會累」是自然的：允許自己有情緒、有極限，並不是失敗，而是成熟的開始。

(2) 練習尋求支持而非獨撐全場：與朋友傾訴、尋求專業協助，是釋放壓力的重要出口。

(3) 檢視內化信念是否過於嚴苛：如「我不能失誤」、「我要讓每個人滿意」等信念，是否已成為內在壓力源？

(4) 讓「休息」成為一種責任：不把休息視為逃避，而是維持功能的必備條件。

停下來，不代表你輸了

撐得久不代表你堅強，能夠停下來照顧自己，才是真正的勇氣。當我們願意正視內在的疲累與壓力，也就開啟了修復與重建的第一步。

現代生活的心理結構固然強調競爭與產能，但我們可以選擇不再被推著走，而是學會與自己對話，理解什麼才是真正重要的。修復，不是解決所有問題，而是讓自己回到一個可以重新選擇的起點。

第二節
自我關懷不是自私，而是基本功

自我關懷與自私之間的誤解

在我們所處的文化裡，「為自己著想」經常被貼上「自私」的標籤。從小被教育要懂事、要為別人著想，讓許多人一提到「自我關懷」就感到不安，好像這會傷害他人、忽略責任。然而，自我關懷（self-compassion）並不是放縱自己，更不是逃避責任，而是一種溫柔而堅定的自我支持。

心理學家克莉絲汀·娜芙 Kristin Neff 是推動「自我關懷」研究的先驅。她將自我關懷定義為：在面對困難時，對自己表現出理解、寬容與鼓勵，而不是苛責、否定或無視痛苦。她指出，自我關懷有三個核心元素：善意對待自己（self-kindness）、共同人性（common humanity）、與正念覺察（mindfulness）。這些不是脆弱，而是韌性的來源。

案例一：努力過頭的社工師

周依婷（化名）是一位從事家庭暴力防治的社工師，長期以來她總把案主的需要放在第一位，即使身心疲累也不敢請假，深怕自己缺席會讓當事人錯失關鍵機會。直到某次，她在會議中突然情緒崩潰，無法止住眼淚，才被主管安排強制休假。

在休息期間，她第一次認真面對自己的「過度奉獻」。她在諮商中說：「我以為幫助別人就要撐到最後，但我其實早就耗盡了。」心理師引導她思考：「如果妳希望案主照顧自己，那妳也值得被同樣對待。」這句話讓她開始學會在日常生活中設定界線，並安排時間充電與休息。幾個月後，她回到工作崗位，變得更有彈性，也更能辨識自己的情緒負荷。

自我關懷與心理韌性的關聯

研究顯示，自我關懷與較低的焦慮、憂鬱與壓力水準有顯著相關 (Neff & Germer, 2013)。自我關懷的人在遭遇失敗與批評時，更能以建設性的方式回應，減少過度自責與自我貶低。他們不會忽視錯誤，而是願意承認並從中學習。

更重要的是，自我關懷是一種「面對痛苦的方式」，不是否認困難，而是用一種不批判的態度面對現實。這種心理彈性，讓人在困境中不會過度崩潰，也能保持行動力與希望感。

案例二：母職角色下的自我迷失

黃秀芬 (化名) 是一位全職媽媽，育有兩名子女。她總是優先滿足孩子的需求，不論是課業、三餐還是情緒支持，她樣樣都做到最好。但在一次健檢中，她被診斷出慢性疲勞與焦慮傾向。她驚訝地說：「我只是想當個好媽媽，為什麼身體卻不聽使喚？」

在團體諮商過程中，她學會用更寬容的角度看待自己。她說：「我以前以為母愛是沒有界線的付出，但現在我知道，我要有力量才能長期愛下去。」她開始每週安排自己獨處的時間，也重新拾起年輕時的興趣。這些改變不僅讓她恢復健康，也讓孩子學會尊重與模仿母親的自我照顧方式。

練習自我關懷的五個日常方法

(1) 練習對自己說話的方式：當你失誤或疲憊時，試著說：「我已經很努力了」，而不是「我怎麼這麼沒用」。語言會塑造內在情緒氛圍。

(2) 安排充電時間：每天固定有一段時間只為自己存在，可以是閱讀、散步、冥想或什麼都不做。

(3) 記錄當下的感受與需求：寫日記或情緒筆記，幫助自己更清楚知道此刻真正需要的是什麼。

(4) 允許自己不完美：提醒自己「我可以不夠好，依然值得被接納」，這是一種心理免疫的養成。

(5) 與自己擁有對話的空間：可以是靜坐、書寫或是心理諮商，讓內心有出口，不讓痛苦悶燒在心裡。

自我關懷，是心理穩定的基本工

在高壓與高期待的生活中，自我關懷不是額外的選項，而是必備的心理營養。它讓我們不再一味犧牲自己來滿足他人，也讓我們能在風雨中找到回穩的重心。

真正成熟的心理狀態，不是從不崩潰，而是知道在崩潰中如何照顧自己。當你願意善待自己，世界也會因你的穩定而少一份失衡。自我關懷，不是自私，而是對自己與他人最深的責任。

第三節
從崩潰邊緣走回來的真實故事

崩潰不是結束，而是轉折點

在心理學的語境中，「崩潰」不再僅是脆弱的象徵，它更像是一種過度壓抑與長期超載的自然反應。當一個人面臨長期未處理的心理壓力與情緒困擾，崩潰可能就是那個身心終於無法再撐下去的瞬間。但也是從這裡開始，許多人的生命才真正展開轉化的旅程。

崩潰不是軟弱，而是自我保護機制的最後一道警報。若我們能聽懂那訊號、願意停下腳步，就可能開始一段真正與自己和解的歷程。

故事一：科技新創創辦人的崩潰與重生

劉文瑞（化名）是一家科技新創公司的創辦人，年紀輕輕就拿到天使投資，帶領十多位工程師進行開發，每天工時超過 14 小時。對外他總是充滿自信、堅毅果斷，但私底下，他已經連續半年失眠、情緒暴躁，甚至開始逃避會議與人際互動。

某天下午，在例行簡報時他突然語無倫次，當場崩潰大哭，震驚了團隊。他被診斷為重度憂鬱與焦慮共病，被迫休養三個月。期間，他接受密集心理治療與藥物協助，並首次學會讓自己「脫離 CEO 角色」，成為一個可以失誤、可以被照顧的普通人。

他說：「我以前一直以為自己不能倒，因為我背後有人在等。但後來我發現，只有我先站穩，我才能真的撐住別人。」復工後，他重整公司文化，鼓勵團隊重視心理健康與平衡生活，也為自己建立了支持網絡與自我照顧的例行機制。

故事二：護理師的重建過程

蔡宛玲（化名）是一位急診室資深護理師，工作十多年來見證無數生死場景。她總說自己「已經習慣了」，但在某次處理重大車禍個案後，她無預警地出現夢魘、情緒麻木與逃避社交等症狀。原以為只是壓力大，卻被診斷為創傷後壓力症候群（PTSD）。

起初，她極度抗拒治療，認為「我只是撐太久」，直到在團體心理治療中聽到其他醫療人員的分享，她才開始願意打開自己。透過創傷敘事（trauma narrative）與眼動減敏再處理（EMDR）治療，她逐步釋放壓抑的記憶，重新與自己的職業角色建立健康距離。

如今她成為醫院心理衛教的講者，對外分享醫護人員的心理照護重要性。她說：「我從來沒想過，崩潰是我重新學會呼吸的起點。」

故事三：高中老師的心理裂痕

李柏翰（化名）是一所明星高中的國文老師，教學嚴謹、深受學生與家長愛戴。他經常在凌晨備課，周末則投入補習班兼課以貼補家計。疫情期間，他被迫轉為線上教學，學生狀況不穩、家長抱怨不斷，他開始感到力不從心。

直到某天，他在學校會議中無故發怒，引起同事注意。在被校方安排接受輔導後，他終於坦承自己近半年情緒不穩、動輒自責，甚至有失控衝動。他在心理師協助下，揭開自己從小內化的「要當榜樣」信念，開始學會適時求助與表達。

復原的過程並不容易，但他後來成為校內心理健康推動小組的志工，並設計了一門選修課「情緒表達與自我照顧」，廣受學生歡迎。他笑說：「以前我只教作文，現在我也教怎麼對話 —— 對別人，也對自己。」

崩潰之後，是什麼支撐他們走回來？

(1) 被允許說出口：最重要的起點，是找到一個安全的空間，讓內心的痛苦可以說出來，而不是壓回去。

(2)看見自己不是孤單的：參與團體、閱讀他人故事、與專業者對話，都能建立連結感與希望。

(3)讓改變有節奏：復原不是一蹴可幾，而是一種節奏：感受、停頓、練習、再前進。

(4)重建意義與價值感：透過助人、創作、教學或回饋社群，重新感受到自己的存在是有價值的。

重新站起來，不是回到過去，而是活出新的自己

走過崩潰的人，從來不是「恢復成原來的樣子」，而是經歷一場心理重建後，活出更真實、更有彈性的樣貌。他們明白界線在哪、需求在哪，也懂得如何在下一次風暴前先為自己撐傘。

從崩潰邊緣走回來，不是一段輕鬆的路，但每一個願意說出來、願意求助、願意嘗試的步伐，都是一種堅定的活下去。你不孤單，你的故事也會成為別人的光。

第四節　「有沒有人可以聽我說話？」——關係資源與心理支持網

心理支持，是情緒生存的空氣

在每個人類的生命經驗中，「被聽見」是一種深層的心理需求。當我們說出痛苦、困惑或脆弱時，如果有人在場、願意傾聽、無條件接住，這樣的支持常常比解決方案更重要。心理學家卡爾·羅傑斯（Carl Rogers）強調「非評價性的傾聽」是人際療癒的核心，他指出：真正的理解，來自對他人情緒世界的誠實感受，而非論斷或建議。

然而，在高壓與高功能的生活節奏中，許多人逐漸失去說話的空間。不是沒有人，而是沒有人有空；不是沒問題，而是沒人想聽。這讓原本就承受壓力的個體，在孤立與失連中逐漸耗竭。

案例一：資深工程師的沉默與轉機

林信宇（化名）是一家跨國企業的技術總監，工作表現卓越、理性高效。他長年對同事、朋友報喜不報憂，對家庭也總以沉默應對壓力。他以為這樣是成熟穩重，直到某天深夜，他在車內情緒崩潰，無法停止哭泣，才終於撥通大學時期好友的電話。

對方只是靜靜聽他講了兩個小時，沒有建議、沒有評論。隔天，他說：「那通電話沒有改變我的處境，但改變了我以為我只能一個人撐的信念。」後來他開始每週固定與幾位朋友進行線上對話，也走進心理諮商，逐步學會打開自己。

這個故事說明，心理支持不需複雜，真正有力的，是在關鍵時刻有人在場，願意陪伴。

心理支持網的三種層級

心理學研究者 Cohen 與 Wills（1985）提出「社會支持緩衝理論」（Buffering Hypothesis），指出社會支持能減緩壓力對心理健康的影響。有效的心理支持網，通常由以下三種層級組成：

- 核心支持者：可傾訴心事、分享情緒的親密關係，如伴侶、知己、家人。
- 功能型支持者：在實際層面提供協助的人，例如同事、鄰居、志工夥伴。
- 專業支持者：如心理師、社工師、醫師等，在專業關係中提供結構性協助與介入。

這三層支持彼此交織、互補，缺一不可。太過依賴某一類型，會造成負擔或失衡。例如若只依賴伴侶傾聽而沒有其他出口，容易引發關係張力；若完全仰賴專業資源，則忽略了日常中的自然情感連結。

案例二：社群孤島中的大學生

張珮甄（化名）是一位剛進大學的學生，雖然社群媒體上朋友眾多，生活動態分享不斷，內心卻感到越來越孤單。她說：「我每天都在回訊息，但好像沒有人真的知道我在想什麼。」

她後來參加了校內的心理成長小團體，起初只是想「試試看」，卻在一次團體討論中忍不住落淚，第一次被一群素未謀面的同學認真傾聽。她發現：「原來說出來、被聽見，是這麼重要的事情。」

此後她逐步建立起穩定的人際支持圈，也學會在日常中主動建立深度連結，而不只是維持表面互動。

如何建構屬於自己的心理支持網？

(1)辨識你的現有支持者：列出你身邊能說話、能陪伴、能提供實質協助的人。

(2)主動經營情感連結：透過簡訊、邀約、定期聯絡，讓關係保持流動與真實。

(3)學習傾聽與被傾聽：一段健康的支持關係是互動的，當你學會聆聽他人，也更能讓自己被聽見。

(4)善用專業資源：不要等到無法承受才求助，心理師與社工的存在就是為了成為支持網的一環。

(5)創造情緒出口的空間：不論是寫日記、錄音獨白、或參加成長團體，都能為情緒創造出口。

被理解，是最溫柔的療癒力量

我們都會有軟弱、混亂、迷惘的時候，而在這些時刻，有一個人、一群人、一段關係，願意給我們理解與陪伴，將會是活下去的力量源泉。

在關係資源裡，我們練習脆弱、學習連結，也讓彼此不再孤單。心理支持網不是多「有人」，而是多「有在」。當我們願意尋找、願意接受、也願意提供，那麼支持，就不再只是他人給予的恩惠，而是一種雙向的滋養。

你不需要一個完美的關係圈，但你值得一個能聽見你說話的所在。

第五節　找諮商會不會太嚴重？心理求助常見誤解

諮商，真的只屬於「有病的人」嗎？

在臺灣社會中，尋求心理諮商仍然帶有某種程度的汙名與誤解。「我又沒瘋，幹嘛去找心理師？」、「那不是心理有病的人才去的嗎？」，這些說法常常阻礙了許多其實需要協助的人勇敢踏出第一步。

事實上，心理諮商早已不限於處理精神疾病或危機，而是一種促進自我理解、情緒調節、人際關係改善與個人成長的重要工具。就像我們會定期健檢一樣，心理諮商也是「心理健檢」的一種。

誤解一：只有情緒崩潰、無法生活才需要諮商

許多人誤以為只有在嚴重憂鬱、焦慮、出現幻覺或自殺念頭時才需要心理師。但事實上，諮商能協助處理的議題遠不止於此，包括：

- 無法下決定、人生卡關
- 親密關係中反覆爭執與無力感

- 自我價值感低落、過度自責
- 對未來感到焦慮與空虛
- 想更了解自己，提升自我覺察

心理師不只是「解決問題」的專家，更是「陪你整理內在」的專業伴行者。

案例一：不敢哭的高階經理人

陳湘怡（化名）是一位科技公司人資經理，負責管理跨部門整合。工作壓力大、人際摩擦多，她總是以理性與效率武裝自己。某天在朋友介紹下，她半信半疑地走進心理諮商室。

起初她什麼也說不出來，只覺得「這樣很尷尬」。但在心理師的溫柔引導下，她第一次在別人面前哭了出來。她說：「原來我的壓力，不是要更堅強，而是要被承認。」此後她持續諮商數月，不僅改善了與團隊的關係，也重新理解了自己對「情緒」與「表現」的扭曲期待。

這個例子說明，心理諮商並不一定是因為「撐不住」，有時只是為了「更完整地活著」。

誤解二：心理諮商等於給建議或被治療

許多人以為去找心理師就是「請專家幫我出主意」，或「被分析、被治療」，但這種想像其實與現代諮商實務大不相同。

心理諮商的重點不是灌輸，而是引導。心理師不會替你做決定，而是幫助你理解自己如何做選擇、為什麼難以前進、背後有哪些價值與情緒拉扯。這是一種互動式的歷程，不是被動接受，而是主動探索。

此外，心理師不會批評、指責你，而是建立一個安全空間，讓你可以如實說話，不需戴面具、不用演出。

案例二：學生對諮商的誤會與轉化

劉家瑋（化名）是一名大四學生，因為與室友衝突加上畢業焦慮，在輔導室預約心理諮商。他原以為心理師會「教我怎麼處理室友」或「幫我決定未來要做什麼」，結果發現心理師反而不給答案。

但隨著幾次對話後，他開始喜歡這種「陪我一起看問題」的感覺。他說：「原來心理師不是解決我的人生，而是陪我一起理解我的人生。」

如何知道自己適不適合找心理師？

其實問題不在於「夠不夠嚴重」，而是「我是否想更了解自己」、「我是否想找到不一樣的方式過生活」、「我是否願意試試看新的心理視角」。只要你對這些問題感到好奇，那你就已經準備好開始對話。

初次諮商時，你可以帶著任何想說的東西：一段關係的混亂、一件困惑的選擇、一段莫名的情緒波動，甚至什麼都說不出口，也沒關係。心理師的角色就是陪你從混亂中釐清、從沉默中找回語言。

求助，是一種負責任的成熟行動

找心理師不是逃避，而是一種勇氣的展現。它代表你願意照顧自己、面對真實，也願意為生活帶來改變。這不是脆弱，而是成熟。

當你意識到自己卡住了，請記住：尋求協助從來不是丟臉，而是走向健康、整合與轉化的重要起點。心理諮商不在於「病」，而在於「人」，是關於理解、接住、然後慢慢走出更清晰的自己。

第六節　小練習、大變化：日常生活中的心理微調策略

心理調適不是大改變，而是小習慣的堆疊

我們常以為，要讓生活更好、情緒更穩定，必須做出翻天覆地的大改變。但事實上，真正有力量的改變，往往是從微小的調整開始。心理學家福格（B. J. Fogg）在行為改變理論中指出：「習慣的養成來自微小、可行、易重複的行動。」這些「心理微調策略」，就像生活中的小螺絲，穩穩固定我們的情緒結構。

心理微調策略的關鍵在於「可實行性」、「一致性」與「可自我監督性」。不是追求一次解決所有問題，而是讓生活的每一天，多一點呼吸空間、情緒緩衝、與自己對話的機會。

案例一：早晨五分鐘，重整一天的心態

林佩珊（化名）是一位中學英文老師，過去常因為清晨趕著備課與出門而感到焦躁。她在心理諮商師的建議下，開始每天早上提前五分鐘起床，坐在陽臺上進行「意圖設定練習」：

她會問自己三個問題——

- 今天我想要有怎樣的狀態？
- 面對可能的壓力，我可以提醒自己什麼？
- 有什麼值得期待的小事？

這個看似簡單的練習，讓她發現自己在面對學生與同事時，更有餘裕與耐性。她說：「那五分鐘，是我給自己的心理導航儀。」

微調策略一：呼吸標記法

當你感到壓力上升或情緒混亂時，請試著停下來，用以下方式練習三次深呼吸：

- 吸氣時，心中默念「我在這裡」
- 吐氣時，心中默念「我很安全」

這個標記讓身體與情緒重新連結，快速帶你回到當下，減少情緒泛濫。

微調策略二：情緒溫度計

每天睡前，在筆記本上畫出一個情緒溫度計，從 1 ～ 10 分，標示出今天的整體情緒強度與方向（如焦慮、疲憊、放鬆、滿足)，並寫下一句說明原因的話。例如：

- 分數：6（輕微焦躁）
- 原因：開會時提案沒被回應，覺得被忽視

長期下來你會發現自己的情緒模式，進而預測壓力點與調整行為策略。

案例二：壓力筆記的釋放效應

江俊賢（化名）是初入職場的行銷助理，工作中常因主管要求突如其來而感到無力。他採納心理師的建議，設立「壓力筆記本」，每天下班前寫下：

- 今天讓我感到緊張的一件事
- 我採取了什麼回應方式
- 下次我希望怎麼處理

透過這種反思，他逐步從反應式行為轉為選擇式應對，也更能看見自己的進步。他說：「以前我覺得每天都很亂，現在我知道混亂的背後其實是有脈絡的。」

微調策略三：善意語言練習

每天對自己說一句善意的話，特別是在情緒低落或疲憊的時候。可參考以下句型：

- 我已經盡力了，這樣很好。
- 我的情緒值得被理解。
- 我不完美，但我願意繼續練習。

這些語言會潛移默化地形塑你的內在對話，從自責轉為支持。

微調策略四：建立「心理避風港」

選擇一個讓你感到安心的空間，例如某張椅子、某家咖啡館、某首音樂，作為心理避風港。每當情緒風暴來襲，你可以去那裡待上 10 分鐘，讓自己重整情緒。

這不一定需要對話，但要有明確的安全感與熟悉感，成為你內在平靜的儲備站。

小步伐，也能走出大改變

心理微調策略的價值，在於它不依賴突發奇蹟，也不需過度依賴他人。它是一種「自我關照的肌肉記憶」，讓你在面對生活的不確定與多重壓力時，仍能保有穩定的內在感。

改變，從不是只有激烈抗爭，也可以是緩慢前行。從每天一個深呼吸、一句善意的自我對話、一頁情緒筆記開始，你就已經在為自己鋪設更健康的心理路徑。

你值得在每一個當下，都給自己一點空間與照顧。

第七節　幸福不等於完美，而是有能力處理不完美

幸福，不是沒有困難，而是有回應困難的能力

當代文化常將「幸福」描繪成一幅無瑕的畫面：事業成功、家庭和樂、身體健康、情緒穩定。但心理學與現實經驗都告訴我們，這樣的「完美狀態」不但不真實，也難以維持。真正能帶來內在穩定感的幸福，並非來自外在條件的完美無缺，而是我們是否有能力「處理不完美」的生活樣貌。

心理學家塔爾・班夏哈（Tal Ben-Shahar）在哈佛的幸福學課程中指出：幸福是一種能力，而非結果；它來自對現實的接納、情緒的覺察，以及在困難中持續前行的動力。這不代表我們不追求更好，而是我們學會了在不完美中活出完整。幸福不是躲避問題的避風港，而是一種擁有面對現實挑戰的勇氣。

許多研究也指出，幸福感與生活事件的絕對值關係有限，反而與個體對事件的詮釋方式、應對資源與社會支持更為相關。換言之，即便生活中充滿瑕疵與挑戰，只要我們具備情緒復原力、內在穩定感與彈性調適能力，仍有可能在不完美中經驗到滿足與意義。

案例一：職涯卡關時的自我重建

吳明傑（化名）在外商公司擔任行銷總監，年過四十的他原本預期能更上一層樓，但升遷計畫被擱置。他感到極度挫敗與羞愧，覺得自己過去的努力被否定。起初他試圖用更多工作投入來證明自己，卻因壓力與睡眠障礙而就醫，並出現情緒暴躁與注意力下降的狀況。

在心理師引導下，他開始檢視自己對「完美職涯」的執念，並看見原來他將自我價值完全綁定在成就上。他學會重新定義什麼是成功，也調整了職涯方向，選擇轉為顧問角色，反而讓他有更多時間陪伴家人與探索興趣。他說：「原來幸福不是到達某個高點，而是我能自由選擇怎麼生活，也能接受自己的不完美。」他後來甚至開始演講分享自己的經驗，協助年輕世代處理類似的壓力與轉職焦慮。

接納不完美，是一種內在成熟

心理學家卡爾．羅傑斯（Carl Rogers）強調「無條件自我接納」是心理健康的關鍵。他指出，一個人若總是以「應該更好」來衡量自己，就永遠處於自我批判與匱乏中。而接納，不是放棄，而是允許自己在人性脆弱中，依然值得被尊重與疼惜。

在治療實務中，許多焦慮、憂鬱甚至身心症的根源，來自「完美主義」與「零容錯思維」。我們過度追求控制、害怕失敗與不確定，導致對自我與他人都產生高度期待與壓力。而當我們能練習面對不確定與不理想，就有可能逐漸鬆動這種僵化的內在結構，也更能承擔失敗、接納缺陷，並看見改變的可能性。

案例二：單親媽媽的日常現實

洪采臻（化名）是一位單親媽媽，育有一名國中男孩。她曾經非常苛責自己：「我給不了孩子完整的家庭」、「我總是做得不夠多」。她時常把自己壓到喘不過氣來，只為了讓孩子不覺得「少了什麼」。直到某次她在親職講座上聽到一句話：「孩子不需要一個完美的媽媽，他需要一個真實的媽媽。」

她開始慢慢允許自己在孩子面前示弱、道歉，甚至讓孩子知道「媽媽今天心情不好，需要一點自己的時間」。這種透明與真誠的互動方式，反而讓親子關係更靠近，也讓她從「全能家長」的幻象中解放出來。

她說：「我以為我的不完美會造成遺憾，沒想到它反而讓我與孩子之間多了信任與理解。」後來她更成立一個單親家庭的支持社群，與其他家長分享生活中的辛酸與智慧，她不再把幸福想像成一種「補足缺口」的工程，而是學會欣賞自己每一步努力的價值。

三個練習，培養處理不完美的能力

1. 容許犯錯日記

每天記錄一件今天做得不夠好的事，並寫下「我仍然值得被接納，因為……」，這能重新框架錯誤經驗，從批評中找到理解，從懊悔中找回自我寬容。

2. 感謝不完美練習

寫下三件你生命中不完美但帶來學習或成長的經驗。例如：「那次失戀讓我更認識自己」、「那次面試失敗讓我找到更適合的路」。這種感恩視角能協助我們重新看待所謂的挫敗，並提升心理彈性。

3. 「現在的我」肯定語

面對當下的處境，說出一句與現況和解的話，如：「雖然我現在還沒有答案，但我相信我能慢慢找到方向。」這些正向語句不是催眠，而是支持我們在混亂中保持穩定與希望。

幸福是練習與不完美共處的過程

我們都曾渴望完美人生，但真正能讓我們心安與踏實的，不是完美本身，而是我們是否有勇氣與能力面對人生的裂縫，並在其中找出意義與行動的力量。這份力量不是來自控制一切的能力，而是來自在變動與不確定中，仍願意照顧自己、連結他人與持續前進的信念。

幸福不是目標達成後的獎賞，而是在每一次選擇中，誠實地對待自己，柔軟地面對生活。當你願意擁抱不完美，你也將更貼近真正的幸福。幸福從不是終點，而是一條允許你迷路、修正、慢走、跌倒再站起來的道路。

國家圖書館出版品預行編目資料

你以為是鳥事，其實是心事：理解情緒背後的故事，用心理學與自己好好說話 / 張若妍 著 . -- 第一版 . -- 臺北市：樂律文化事業有限公司，2025.07
面； 公分
POD 版
ISBN 978-626-7699-51-5(平裝)
1.CST: 心理衛生 2.CST: 情緒 3.CST: 生活指導
172.9 114009439

電子書購買 爽讀 APP 臉書

你以為是鳥事，其實是心事：理解情緒背後的故事，用心理學與自己好好說話

作　　者：張若妍
發 行 人：黃振庭
出 版 者：樂律文化事業有限公司
發 行 者：崧博出版事業有限公司
E-mail：sonbookservice@gmail.com
粉 絲 頁：https://www.facebook.com/sonbookss/
網　　址：https://sonbook.net/
地　　址：台北市中正區重慶南路一段 61 號 8 樓
8F., No.61, Sec. 1, Chongqing S. Rd., Zhongzheng Dist., Taipei City 100, Taiwan
電　　話：(02) 2370-3310　傳　　真：(02) 2388-1990
律師顧問：廣華律師事務所 張珮琦律師

定　　價：420 元
發行日期：2025 年 07 月第一版
◎本書以 POD 印製